マンガでわかるブラック企業

人を使い捨てる会社に壊されないために

ブラック企業大賞実行委員会［編］佐々木亮［法律監修］
松元千枝＋古川琢也＋川村遼平［著］
竹信三恵子［解説］

合同出版

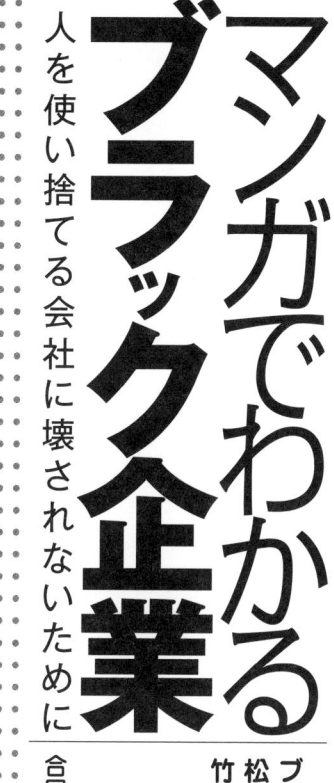

はじめに

「ブラック企業」

この言葉が日本社会で広がってきたのは、この7～8年のことです。最初はインターネットの掲示板や2ちゃんねるなどのサイトでの盛り上がりだったと言われています。

法律無視、劣悪な労働環境や労働条件による労働者の酷使・使い捨て、パワハラ、セクハラ、マインドコントロールに等しい「愛社精神」「自己責任」の強要……。これらがブラック企業の特徴ですが、明確にはまだ「定義」されていません。ですが、多くの人が、文字上の定義とは関係なく、日々の職場での疑問や企業の理不尽でおかしな要求に対して、直観的・感覚的に、次のように思ったことはあるのではないでしょうか。

「私の会社、ブラック企業かも……？」

この本は、ブラック企業の代表的な手口とそれへの対処法、すなわち、ブラック企業とたたかい、ときにはブラック企業から逃げるための方法をガイダンスした本です。

多くの人たちが、職場でのつらい経験や上司からの圧力、労働法違反に対して、「どうしたらいいかわからない」「自分が悪いのかも」「会社に反抗すればさらにいじめられるのではないか」と不安を抱いています。しかし、考えてみてほしいのです。そもそも「職場」とは、働いた分の給料がもらえなかったり、いじめやパワハラでつらい思いをしたり、人権侵害の被害に遭ったり、働きすぎで健康を害したり、ましてや過労自死に至る、という場ではありません。そんなことがひとつでもあれば「異常」なことなのです。

それに気づいたり、当事者として苦しい思いをしたりしているあなたは、絶対に悪くありません。

この本は、「ブラック企業大賞実行委員会」が執筆・制作しました。

「ブラック企業大賞」とは、2012年にスタートした企業ウォッチ活動です。毎年10社程度の企業をブラック企業としてノミネートし、大賞以下各賞を受賞企業に「差し上げ」ます。日本ではこのようなスタイルの企業ウォッチはまだほとんどされていません。しかし、海外に目を向ければ、市民団体やNGOなどが「最低企業賞」「環境汚染に貢献した団体・企業賞」といった賞を授与し、社会的関心を喚起しようとしています。

本実行委員会は、労働組合やジャーナリスト、弁護士、NPO、研究者など幅広いメンバーから構成されており、それぞれブラック企業を監視し、批判し、なくす努力をしています。私たちの活動や経験が読者のみなさんの日常に役立ってほしいと願いつつ、この本とメッセージを送ります。

「つらくなったら、逃げてもいい」

「身も心もボロボロになる前に、誰かに相談してほしい」

「労働組合に入って仲間と一緒にたたかってほしい」

「声を上げることは、間違っていない」

2013年7月

ブラック企業大賞実行委員会　内田聖子

第1章 酷使

第2章 辞めさせる

第3章 精神圧迫

グレー!! 3つ該当すれば、ブラック企業

チェック	ブラック企業の手口	手口の解説、対策
	体調をくずしても休ませてもらえない	1 長時間労働
	仕事中、休憩時間がない	1 長時間労働
	残業が月に平均80時間以上ある	1 長時間労働
	残業代があらかじめ給料に含まれている	2 サービス残業 19 低賃金 24 求人広告の嘘
	残業の少ない月は給料が減額される	2 サービス残業 19 低賃金 24 求人広告の嘘
	裁量を与えられていないのに、「裁量労働制」を理由に残業代が支払われない	2 サービス残業 19 低賃金 24 求人広告の嘘
	研修で業務と関係ない無理難題を課せられる	4 スパルタ研修
	研修中に携帯電話など私物を没収される	4 スパルタ研修
	「夢」や「希望」「情熱」といった抽象的な言葉が強調される	5 やりがい搾取
	「辞表を書け」と言われる「辞表を書け」と言われる	6 自主退職の強要 11 パワハラ
	「ノルマを達成できなければ退職する」と念書を書かされる	6 自主退職の強要 11 パワハラ
	明らかに無駄な作業を命じられる明らかに無駄な作業を命じられる	6 自主退職の強要 11 パワハラ
	まともな仕事を与えてもらえない	6 自主退職の強要 11 パワハラ
	内定者研修中に内定辞退を強要される	7 内定辞退の強要
	入社前に研修と称して最低賃金以下で働かされる	7 内定辞退の強要
	些細な理由で解雇される	8 不当解雇
	研修で「社長の言葉」を暗記されられる	10 カルト的社風
	従業員が知らぬ間に職場に監視カメラが設置されている	12 社員監視
	勤務時間外もGPS端末の携行が義務づけられている	12 社員監視
	企業主導の労働組合がある	13 労組敵視
	プライベートに介入する社則がある	15 異常社則
	遅刻・欠勤すると時給相当分以上の額を給与から引かれる	17 罰金
	雇用元の企業が、3次、4次下請け企業である	18 ピンハネ
	求人広告に書かれた給与より実際の給与が低い	24 求人広告の嘘

※あくまで目安であって、上記に該当する事柄で状況によっては即違法(ブラック企業)となるケースもある。詳しくは本文参照。

Check sheet

あなたの職場のブラック度チェックシート

ブラック!! 1つでも該当すれば、ブラック企業

チェック	ブラック企業の手口	手口の解説、対策
	残業代が一切支払われない	2 サービス残業 19 低賃金 24 求人広告の嘘
	どんなに残業しても残業代が一定額しか出ない	2 サービス残業 19 低賃金 24 求人広告の嘘
	部下が一人もいないのに、「管理職」を理由に残業代が支払われない	2 サービス残業 19 低賃金
	「辞めたい」と言ったら暴力をふるわれる	3 辞めさせない 11 パワハラ
	辞めるなら損害賠償を請求すると言われる	3 辞めさせない
	労働組合の結成が禁じられている	13 労組敵視
	違法行為を、業務と称して命じられる	14 反社会的行為の強制
	憲法·法律を否定する社則がある	15 異常社則
	業務上発生した損失を従業員に補填させる	16 損失の押しつけ
	雇用契約関係にない企業から業務に関する指示を受ける	21 偽装請負
	「業務委託」「個人請負」を理由に残業代支払いや社会保障への加入を拒否される	21 偽装請負
	業務時間以外にボランティア活動を無給で強制させられる	23 ボランティア強制

ダークグレー!! 2つ該当すれば、ブラック企業

チェック	ブラック企業の手口	手口の解説、対策
	有給休暇はないと言われる	1 長時間労働
	性的な嫌がらせを受ける	9 セクハラ
	機材破損の弁償をさせられる	16 損失の押しつけ
	ノルマ未達成だと給与が減額される	16 損失の押しつけ
	ノルマ達成のために自社商品を購入させられる	20 自爆営業
	売れ残りを購入させられる	20 自爆営業
	同じ仕事をしているのに女性と男性の給与格差がある	22 賃金格差
	同じ仕事をしているのに正社員と非正規社員の給与格差がある	22 賃金格差
	ボランティア活動が成績評価につながっている	23 ボランティア強制
	ボランティア活動中に会社から細かな指示がある	23 ボランティア強制

1

長時間労働

長時間労働で過労死に追い込む

かつて「精神論」レベルでは言われた人も多いであろうフレーズだが、現実となっては笑えない。

LEVEL. MAX

生命の危険度

ブラック企業で起こる代表的な問題として挙げられるのが長時間労働です。毎日終電間際まで働かせられ、体調を崩しても休ませてもらえず、過労死で亡くなっているケースも見受けられます。

近年明らかになっている事例だけでも、外食のワタミフードサービス株式会社や株式会社大庄、気象予報会社の株式会社ウェザーニューズ、アパレルの株式会社クロスカンパニー、建設の新興プランテック株式会社、小売の株式会社東急ハンズ、ITの株式会社富士通ソーシアルサイエンスラボラトリ（富士通SSL）といった会社で若者が命を落としています。いずれも業界で名の知れた大手企業です。働き過ぎの問題が社会全体に広がっていることをうかがわせます。

増え続ける「過労死予備軍」

命が失われるような労務管理はいずれも「ブラック」そのものですが、ここでは2つの象徴的な事例を取り上げます。

ひとつは、気象予報最大手のウェザーニューズ。2008年に新卒で入社した25歳の気象予報士の男性が、わずか半年後に自ら命を絶つ事件が起きています。遺族の証言などによれば、ウェザーニューズでは、入社して半年間は〝予選〟と呼ばれる期間があります。数回に及ぶ面接試験を突破した新入社員を長時間働かせてみて、成績を競わせるのです。実際、〝予選〟期間中の男性の残業時間は月200時間を超えていました。

〝予選〟終了後に行われた面接の翌日に自殺していることから、面接で〝予選落ち〟を告げられたと推察されています。月に200時間以上の残業をしても、その努力に企業が報いることはなかったのです。今もなお、ウェザーニューズは、「天気は眠らない。私たちも『24時間365日』眠らない」という「独自の企業文化」を掲げています。

もうひとつは、居酒屋「和民」などを経営するワタミフードサービス株式会社です。こちらも同じ2008年、新卒で入社した26歳の女性が、入社後2カ月もたたないうちに自殺しています。

彼女の自殺が労働災害として認定された直後、親会社のワタミ株式会社は社のホームページにおいて、「当社の認識と異なっておりますので、今回の決定は遺憾であります」とだけコメントしました。その後も、遺族の面会申し入れにも真摯に対応することはなく、そればかりか、遺族に対して民事調停を申し立てる攻勢に出ています。遺族を裁判所に呼びつけるような対応は、多くの過労死事件のなかでも特異なケースだと言えるでしょう。

当時、ワタミの会長であった渡邉美樹氏は、次のように語っています。「ワタミには、『365日24時間、死ぬまで働け』という言葉がある」。「営業12時間の内メシを食える店長は二流」。

改善が見られない、反省が見られないということは、二人目、三人目の犠牲者がいつ出てもおかしくないということです。「過労死予備軍」とも言える精神疾患の罹患者はもうすでに多くいるかもしれません。こうした企業を野放しにすることはたいへん危険です。

従業員の安全を配慮せず自己管理を強いる企業

労働契約の一方の当事者である企業には、自社従業員の安全に配慮する義務があります。これは、従業員の安全を確保する責任は企業が負っているということです。人材派遣大手の株式会社ザ・アール代表取締役社長、奥谷禮子氏が、過労死を「自己管理の問題」と強弁したことがありますが、これは法律を無視した主張です。

また、労働基準法では、原則として、労働時間が6時間を超える場合には45分間、8時間を超える場合には1時間の休憩時間を与えることとされています。先の渡邉氏の発言も、明確に法律に違反しています。

また、過労死については、厚生労働省が「過労死ライン」を定めています。平均して月に80時間以上の残業がある2～6カ月以上続く場合（1月で100時間以上残業をしている場合も同様）の脳・心臓疾患は労働災害と認める趣旨のもので、毎月80時間も残業をしていれば、生理的に必要な最低限度の睡眠時間が確保できないとされています。後述するように「過労死ライン」を超える時間働いていても直ちに違法とはなりませんが、そうした働き方が常態化している企業は、従業員の安全配慮義務を果たしているとは到底言えません。

従業員を酷使する職場とそれを助長する法律

企業側にとっては、労働者が「安く・長く」働いてくれるのであれば、コスト面から言って非常に有益です。よく若者の過労死を問題にすると「そんな風に従業員を使いつぶしていたら技能が蓄積されず、企業は淘汰されてしまうのではないか」と疑問を持つ人もいるようです。しかし、業界大手であるウェザーニューズには毎年優秀な入社希望者がたくさん集まりますし、和民の業務はアルバイトの従業員だけで営業できるようなマニュアル労働が中心です。正規雇用の従業員に長く勤めてもらうことで生産性を上げるしくみを前提にしていない職場の存在が、現在の過労死の頻発や若年化に拍車をかけていると言えます。

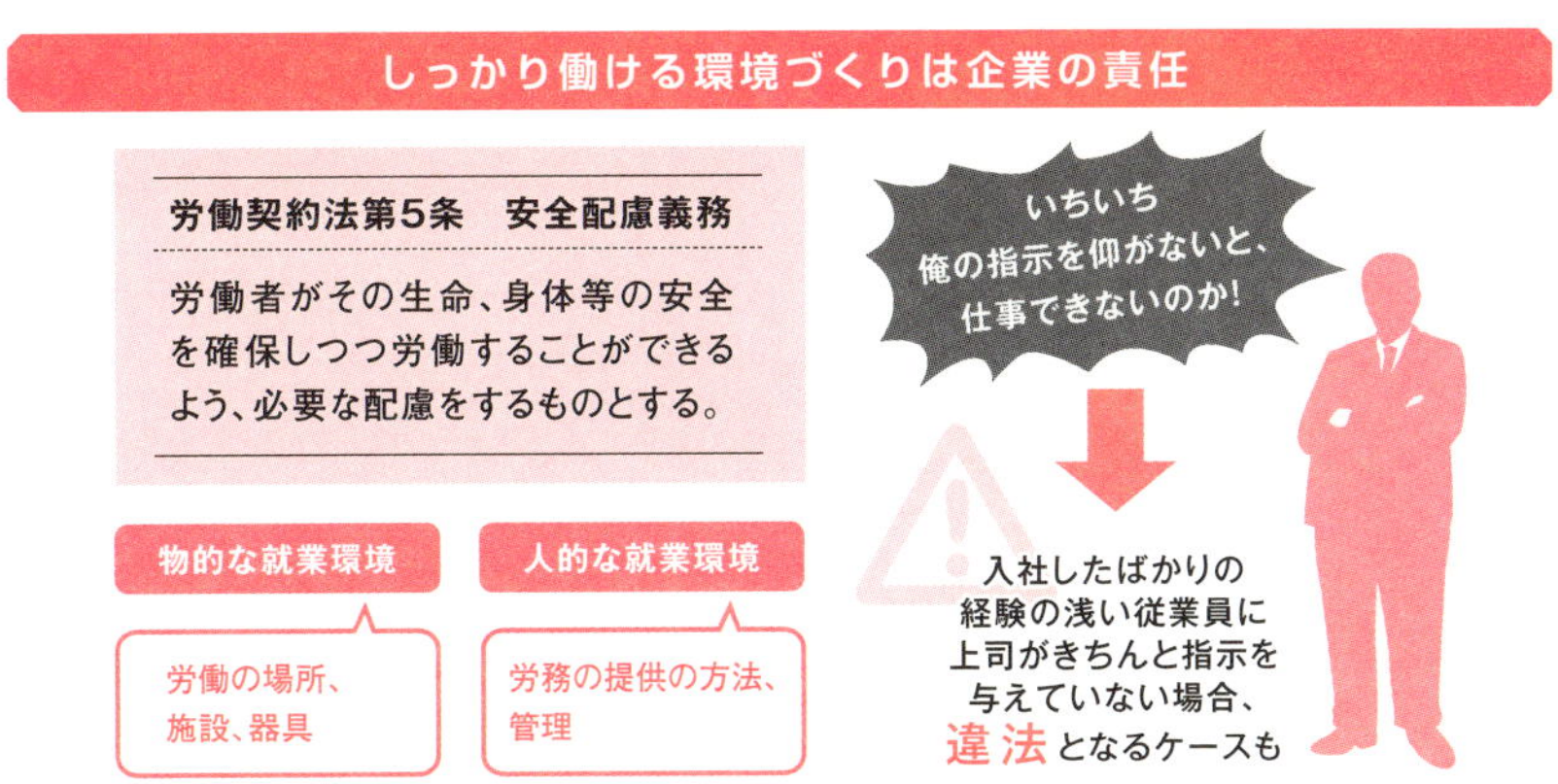
しっかり働ける環境づくりは企業の責任
労働契約法第5条　安全配慮義務
労働者がその生命、身体等の安全を確保しつつ労働することができるよう、必要な配慮をするものとする。
物的な就業環境
人的な就業環境
労働の場所、施設、器具
労務の提供の方法、管理
いちいち俺の指示を仰がないと、仕事できないのか！
入社したばかりの経験の浅い従業員に上司がきちんと指示を与えていない場合、違法となるケースもこうした状況をつくり出す背景に、日本に長時間労働を規制する法律がないという問題があります。24時間働かせても、直ちに違法とは言えないのです。

労働基準法では労働時間の上限は1日8時間、週40時間と定められています。しかし、通称「36協定」という労使協定を交わせば、この上限を無効化することができます。その際の上限にも目安はあるのですが、法的な強制力を持たないため、いくらでも残業させることが可能なのです。たとえば24歳の男性が過労自殺した新興プランテックでは、月に200時間の残業を可能とする協定が交わされていました。

過労死防止のための法成立に向けた動きも

過労死した男性の遺族を中心に、過労死を防止する基本法の成立を目指す運動が広がっています。国が、過労死はなくすべきだと宣言する。最初の一歩ですが、過労死問題に有効な対策を講じていない現状においては、大きな一歩です。

また、遺族が原告となって、過労死を出した企業名の公表を求める裁判もあります。大阪高裁は、企業の「正当な利益」を損ねるなどとして公表しない行政の対応を正当化しました。労働者の命がこれほど軽く見られている現状を覆すべく、原告は上告しています。

残業時間の上限を無効にする「36協定」

労働基準法第32条

労働者を働かせられる時間 → 原則 1日8時間 週40時間

労働基準法第36条

ただし…

☑ 時間外の割増賃金を払う

時間外労働 1.25倍
休日労働 1.35倍

☑ 労働者の過半数で構成される労働組合があれば、その労組と協定を結ぶ など

↓

法定労働時間を超えて働いてもよい

36条をもとにした協定であることから、通称「36（サブロク）協定」と呼ばれる

東証1部上場企業のなかにも、残業時間を上限100時間を超えて設定している企業は多い

大日本印刷................200時間
関西電力..................193時間
JT...........................180時間 など

出所：東京新聞2012年7月25日付

2 サービス残業

「固定残業代」「管理職」を理由に“タダ働き”を強いる

「サービスを受けたら対価を支払う」という当たり前の事実を、勝手な解釈で捻じ曲げる企業がある。

LEVEL. 4

生命の危険度

「サービス残業」という言葉があるように、日本社会は、残業代未払いに対してかなり寛容です。しかし、残業代の未払いは、れっきとした犯罪です。「業績が悪いから」「仕事のできが悪いから」という理由で残業代を支払わないのは、飲食店で食事をした後に「持ち合わせがないから」「思ったよりまずかったから」という理由で代金を払わないのが許されないのと同じように、犯罪なのです。

関西で「がんこ寿司」など多くの店舗を経営するがんこフードサービス株式会社は、２０１２年12月に過去2年間だけで5億円もの残業代を支払っていなかったことがわかり、書類送検されました。社長の志賀茂氏は「創業以来の慣習」と語っているそうで、時効となったサービス残業はもっと多く存在していたはずです。

企業に広がる残業代不払いの手口

サービス残業は、過労死の温床です。賃金を支払わなくてよければ、どれだけ働かせても人件費はかからないからです。実際、過労死事件のなかで残業代がきちんと支払われていたケースを探すのは困難です。

がんこフードサービスや大庄が採用していたのは、「固定残業代」というしくみでした。この「固定残業代」は、サービス残業を強いる新たな手法として多くの企業に広がっています。基本給のなかにあらかじめ一定額の残業代を組み入れ、いくら働こうが追加の残業代を支給しない

サービス残業の温床となる「名ばかり管理職」

労働基準法第41条　労働時間及び休憩の特例

この章、第6章及び第6章の2で定める労働時間、休憩及び休日に関する規定は、次の各号の1に該当する労働者については適用しない。
1　別表第一第六号（林業を除く。）又は第七号に掲げる事業に従事する者
2　事業の種類にかかわらず監督若しくは管理の地位にある者又は機密の事務を取り扱う者

つまり、「管理監督者」は、労働基準法が定める労働時間、休憩および休日に関する規定が適用されないと定めている

この条文を都合よく解釈し、実情が伴わない「管理職」を任命し、残業代を支払わない → **名ばかり管理職**

同じ裁量・責任のもと、同じ仕事をしていても……
残業代が出る
平社員
残業代が出ない
（部下が一人もいない）課長

というものです。もちろんこれは違法ですし、見かけ上の賃金は高くなるので、求人の仕方としても問題のあるものだと言えます。

もうひとつ、残業代を支払わない手口として広がっているのが、「名ばかり管理職」と呼ばれるものです。労働法では、経営者に近い位置にある「管理監督者」には残業代を支払わなくてよいことになっています。これを、小売店の店長や係長クラスの管理職に適用させる手法です。

未払い残業代は請求できる

残業代については、非常にシンプルなルールがあります。まず、給料は働いた時間（1分単位で計算します）に応じて支払われなければいけません。次に、1日8時間、週40時間を超えた場合には、もともとの時給よりも25％割増した賃金を支払わなければいけません。残業が月に60時間を超えた場合には、大企業（業種によって定義が異なるが、サービス業の場合、資本金5000万円以上、従業員数100人以上の企業が該当）に限って5割増となります。したがって、残業をしているのに働いていないことになったり、8時間を超えてももとの時給のままだったりすれば、企業の労務管理は違法だということになります。

残業代の未払いがある場合には、当然、従業員は残業代を請求することができます。この場合の時効は2年です。請求する際の方法は、次のとおりです。給与明細と労働時間の記録から未払い分の金額を計算しま

新たな手法「固定残業代」

飲食店スタッフ社員大募集!!
月給（最低支給額）19万8,000円
※残業代含む

→ 実際には、7万円＝80時間分の残業代込みの金額
80時間残業しなければ、給与が引かれてしまう

実質の月給は、12万8,000円に過ぎない

求人票をチェック！

こんな固定残業代は違法

- ☑ 賃金に含まれる時間外労働（残業代）の金額がいくらか明示していない
- ☑ 残業時間を含めた労働時間で月給を割ると最低賃金を下回っている
- ☑ 賃金に含まれている残業代分の時間を超えて働いているのに、別途時間外労働賃金が支払われない

➡ 固定残業代は、いくら残業しても給与が固定される制度ではない！

す。そして、内容証明郵便やメールなど、記録の残る形で賃金を請求します。これは、後で「聞いていない」という企業の言い訳を防ぐためです。

労働基準局や労働組合を上手に使って請求する

とは言え、これでおとなしく残業代を支払う企業のほうが少ないでしょうし、上司の怒りをかってかえって立場を危うくする場合もあります。このことを考慮すると、残業代を請求するには大きく分けて2つのアプローチがあります。

ひとつは、自分が不満を持っていることを企業に隠す方法です。サービス残業は労働法に違反した犯罪なので、労働基準監督署という機関の取締りの対象になります。この労働基準監督署に、企業には匿名にして申告するという方法があります。匿名申告の場合、労働基準監督署は定期的な検査を装って企業を調査します。その際、申告した人の労務管理状況も調査し、問題があることを確認するわけです。企業には誰が労働基準監督署に申告したのか、そもそも申告があったのかどうかもわかりません。

ただし、労働基準監督署はフットワークの軽い機関ではありませんし、救済機関ではなく取締り機関なので、残業代を支払っていないことを取り締まることはできても、個人に残業代を支払うように命じる権限は持っていないなどの限界を抱えています。

もうひとつの手段は、企業が逆上した場合でも身を守れるような準備をした上で請求を行うことです。具体的には、あらかじめ弁護士や労働組合に相談をしてから請求を実行に移すのです。とくに労働組合の場合には団体交渉権があり、企業は誠実に応じる義務があります。これをうまく使って、残業代を支払わせるように交渉するわけです。団体交渉の結果、職場の同僚も含めて全員に残業代が支払われるようになったケースもあります。

3 辞めさせない

脅迫まがいの引き留めで限界まで使い倒す

LEVEL.
5
生命の危険度

真面目に働く労働者は、脅してでも手放さない。倒れるまで、とことん働いてもらう。

ブラック企業というと、すぐに従業員をクビにするイメージが強いかもしれませんが、一方では「辞めさせてもらえない」と悩んでいる若者も多く存在します。

労働相談を中心に活動するNPO法人POSSEで相談を受けたなかには、営業職の男性が会社を辞めるタイミングについて同僚と話していたことが上司に知られてしまい、終業後、事務所に監禁されて暴行を加えられたという例もあります。窓から半身を押し出され、「辞めるな」と脅されたその男性は、退職しないことを書面で宣言させられました。

その企業は奨励金が国からもらえる「トライアル雇用」という制度に応募しており、奨励金をもらうために「一定期間就労させた」という実績を必要としていました。

身体的な暴力を伴わないケースでも、「この忙しいときに辞めるなんて自分勝手だ」と辞表を捨てられたり、「辞めるなら損害賠償を請求する」と脅されたりするケースがあります。

物流大手の西濃運輸では、荷物管理やクレーム対応を担当していた23歳の男性が、入社から3年で過労自殺しています。この男性は、3度も退職を申し出ながら、それさえ許されずに亡くなりました。遺書には「毎日12時間以上働かせ、サービス残業を強要した」と書かれていたそうです。

退職の自由は、法でも明示されている

民法第627条
期間の定めのない雇用の解約の申入れ

当事者が雇用の期間を定めなかったときは、各当事者は、いつでも解約の申入れをすることができる。この場合において、雇用は、解約の申入れの日から二週間を経過することによって終了する。

ただし、
期間の定めがある場合は、
「やむを得ない事由」が必要

→ 会社に違法行為がある場合は
その必要はない

従業員を辞めさせない、あるいは休ませない企業は、その人の健康・生命に責任を負わない企業だと言っていいでしょう。

退職に対し損害賠償を請求できるケースは極めて稀

法律では、労働者はどんな理由でも辞められることになっています。

雇用契約の期間に定めがない場合は、原則14日以上前に企業に辞める旨を伝えるだけで退職することができます。雇用期間に定めのある場合は、原則として期間途中での退職は認められていませんが、企業側の違法な労務管理が原因で退職を余儀なくされるような場合は、その限りではありません。

以上から、従業員が急に辞めた程度で企業が労働者に損害賠償を請求できるケースは稀ですので、合法的にペナルティを課されることはまずありません。

それでも、労働者がびっくりして応じてしまうことを狙って多額の損害賠償を請求する企業はあります。また、離職手続きをしなかったり、最終月の賃金を支払わなかったりという形で嫌がらせをしてくることもあります。これらはすべて違法な行為です。

従業員の意思に反して働かせることは「強制労働」であり、労働基準法のなかでもとくに重い罰則がついた禁止事項です。「退職の自由」は、近代法において強く保障された権利なのです。

ブラック企業にとって、従業員は「元気なうちに」辞められたら困る存在

従業員を辞めさせない企業はよく、「今、辞められたら引き継ぎができないから」という話を持ち出します。

しかし、実際に従業員が一人辞めたくらいで業務が完全にストップするような企業はまずありませんし、

本当に業務遂行上欠かせない人材であれば、もっと大切に扱われているはずです。本人に辞める意思がなくても、過労で倒れてしまっては困るからです。

実は、こうした企業では、実際に従業員が倒れてしまうと、辞めることは容易になります。要するに、「元気なうちは辞められない」が、働けなくなったらあっさりクビというのが実情なのです。

過労自殺したウェザーニューズの従業員は、自身を「100円乾電池」にたとえ、ローソンの子会社の「SHOP99」(現ローソンストア100)で働いていてうつになった店長は、自身を「燃料」にたとえています。電池や燃料が切れるまでは使い倒して、それ以上動けなくなったら今度は捨てられるのです。こうした企業の従業員は、辞められたら困るのではなく、「元気なうちに」辞められたら困る存在なのです。

「辞めさせない」あるいは「辞めたい従業員に嫌がらせをする」ことには、もうひとつの機能があります。それは、残っている従業員に対する見せしめになることです。辞めたいと言えばひどい目に遭わされると思わせることで、従業員の企業に対する恐怖心をあおり、それ以上の退職者を防ぐことができるのです。

元気なうちは辞められない

"燃料"が
あるうちは
使い倒され……
なくなって
使いものにならなくなると
使い捨てられる
ブラック企業は、
燃料の補充は
してくれない

4 スパルタ研修

洗脳まがいの過酷な研修で企業に都合のよい従業員をつくり出す

LEVEL. 4

生命の危険度

一度洗脳してしまえばブラック企業にとって最高の人材である。

新入社員の「学生気分を叩き直す」ための手段として、今も根強く支持・実施されているのが「スパルタ研修」です。社員以外の者が研修のようすを目にする機会はあまりありませんが、2010年4月11日、中華料理店チェーン「餃子の王将」で知られる、株式会社王将フードサービスの新人研修の模様がテレビで放映された際には、その内容が大きな反響を呼びました。

怒声が飛び交う研修

王将フードサービスの新人研修は、新入社員たちを神奈川県足柄山の合宿所に集め、テレビ、新聞、インターネットなど外部の情報から完全に遮断した上で、5日間にわたって行われました(携帯電話も使用禁止)。まず強面の〝教官〟(王将フードサービスの研修担当役員)から檄が飛びます。

「今日この研修が始まる前、皆さんの行動を見ておりました。常日頃より染みついている、垢が、匂いが、プンプンしました。朝の挨拶も覇気がない！　お前らそれでもリーダーか!?」

研修生たちはこうして〝気合〟を入れられ、早朝からのランニングに続き、社訓や基本動作、オリジナルの「王将体操」などを徹底的に叩き込まれます。最終日には自らの抱負を絶叫しなくてはいけないのですが、放送では、一人の研修生が泣きながら次のように叫び、教官と抱き合っていました。

「私はこれまで！　適当な売上つくって！　適当な成績つくって！　適当な教育して！　そこそこ！ずっと適当にやって参りました！　本当に真剣に！　なんでも最後の最後まで！　コン詰めて！　やって来なかったです！　逃げません！　最後まで諦めません！　やります！　よろしくお願いします‼」

夕食・風呂抜きの穴掘り、徹夜で電話練習

ＩＴ企業の株式会社イー・クラシスでは、新人研修で穴掘り競争、徹夜の電話練習などをさせているこ

とを、公式ホームページなどで明らかにしていました（2009年7月時点。現在は削除されている）。

穴掘り競争では、新入社員を4つのグループに分け、スピードを競わせました。1位、2位のチームには夕飯を食べる権利と風呂に入る権利が与えられる一方、最下位のチームはどちらもその日は禁止。3位チームは、風呂が禁止される一方、4位の「夕飯を食べる義務」（つまり二人分を食べなければならない）を課されます。

また、「徹夜の電話練習」も過酷なもので、人事担当者はそのようすをブログで次のように書いています。

「誰も寝ることなく、電話の練習をしております。3日間・1日中電話の練習。今日のテストへの集中力で穴掘り同様おかしくなってる人間が現れてきました！見ててかなりおもしろいです。が・・・1日中電話練習に集中すると脳みそが溶けて（麻痺して）きます」

「みんな疲れが見えてきました。脳みそが限界の顔をしています。（昨日は30分しか寝てない人もいます。感謝と謝りの感情をつけるべく朝4時まで2時間半ほど私の前で謝り続けていました……）」（同社人事担当者のブログより）

学生気分脱却のためのスパルタ研修だと企業は言うが……

研修の様子を放送された後に
ホームページ上でなされた王将フードサービスの弁明

職場で必要とされ、また、自分の存在意義を確立していくためには、これまで個性や個人の自由が大切だという名目の下で放任されてきた、自己中心的（我儘）な行動は許されないことを先ずは教えなければなりません。人として、また、チームの一員として個性を発揮するには、それなりの基本を知ることと、ルールを守るだけでなく、当たり前のことを当たり前にすること、即ち挨拶や礼儀、マナー、仲間への気配りを当然社会人として身に付けなければなりません。

現代の若者は、家庭や学校で、こうした躾をされる機会が少なく、叱られることさえなかった人も多く、ややもすると、個人の自由という名目で我儘を通すことが黙認されてきました。こうした若者を受け入れるにあたって、通り一遍の無難な研修だけでは、学生気分から脱却させることはできません。

研修で新入社員を洗脳する

こうした、実際の業務にはかならずしも必要ないと思える研修を課す企業側の狙いは何なのでしょうか。番組放送後に批判を浴びた王将フードサービスは、ホームページで「わがままを通すことを黙認されてきた若者を学生気分から脱却させるには、無難な研修では効果がない」といった内容の弁明をしています（詳細は23ページ図参照）。

しかし、企業の狙いはかならずしもそれだけではないでしょう。企業が新入社員に課す厳しい研修は、程度の差こそあれ、かならず次の3つの要素から成り立っているからです。すなわち、①衣食住を他人に依存した「拘禁状況」で、②長時間の運動や肉体労働を強制し「身体的に衰弱」させる。さらに③今の自分を否定させ精神的な「退行」をうながす、という3要素です。

これは、精神医学者の故・大熊輝雄氏（国立精神・神経医療研究センター名誉総長、東北大学名誉教授）によれば、人間を洗脳するための３つの条件です。１９８０年代に洗脳の問題を取材した管理教育ジャーナリストの宇治芳治氏の著作（『禁断の教育』『洗脳の時代』など）には、一部のカルト的な団体がこの手法を用い、多くの人びとを洗脳した実例が紹介されています。

洗脳された新入社員は、企業からどのような無理難題を押しつけられようと、あるいは、企業のやっていることが客観的に見てどれだけ間違っていようと、もはや疑問を持つことができず、絶対服従する以外の選択肢を持つことができません。スパルタ研修を好む企業がどこまで自覚的かはわかりませんが、彼らが必要とするのは、理性や判断力を完全に捨て去った人だけなのでしょう。

違法ないし脱法的な労務管理をしている企業からしてみれば、従業員が正常な理性や判断力を維持しているとあっさり辞められてしまうかもしれませんし、最悪の場合、労基署に駆け込まれ告発されてしまうかもしれません。このような従業員は、ブラック企業にとってはリスクでしかないのです。

「スパルタ研修」は人格権を侵害しているおそれも

一般に、企業が従業員に研修を課す場合、その研修内容が職務遂行上必要不可欠なものであるならば、違法ではないと判断されます。しかし、その「職務遂行上必要不可欠な範囲」を明らかに越える形で長時間の肉体的拘束、食事や睡眠の制限などが行われた場合、民法が定める「人格権の侵害」に該当する可能性があります。

本項で挙げた2つの例のうち、王将フードサービスのスパルタ研修はテレビ番組の内容だけではわからない点もありますが、イー・クラシスに関しては「食事抜き」などのペナルティが公然と課されていますし、睡眠時間も剥奪されていることがうかがえます。「人格権の侵害」に抵触している疑いが、かなり高いケースであると言えます。

人権とビジネスは相容れない!?

スパルタ研修に対しては、「人格権の侵害」が強く問題視されるが……

餃子の王将に加え、くら寿司（8「内定取り消し」36ページ参照）など数多くの企業で新人研修のプログラムをしてきた人材コンサルタント会社、アイウィル。同社で発行しているクライアント向けの雑誌に、代表取締役社長である染谷和己氏の次のような発言が掲載された。

> 基本的人権、人権尊重、人権蹂躙、人権擁護――これは、1度抜けば魔剣の切れ味で相手を黙らせることができる言葉である。この魔剣を振り回す人権教の狂信者が増えている。経営やビジネスといった最も遠い領域にまで、人権というペスト菌が蔓延しはじめている……
>
> 「月刊ヤアーッ」1997年5月号

染谷社長のこの発言から、「人権」と「ビジネス」が相容れないものであり、人権意識を職場から放逐することが企業の発展につながる、という意識があることが明白。アイウィルに委託、あるいは模倣してスパルタ研修を課す企業にとっても、本音では人権は邪魔でしかないのだろう。

5
やりがい搾取

仕事の「やりがい」を利用し人件費を抑える

従業員のやる気を人件費の削減に利用する。

LEVEL. 5

生命の危険度

「やりがい搾取」は、社会学者の本田由紀・東京大学教授による造語です。企業が「仕事のやりがい」と引き換えに、労働者に不安定雇用や長時間・低賃金労働を甘受させる新しいタイプの「搾取」を指します。やりがい搾取は、「クリエイティブ」とされる業種で多く見られますが、マニュアルにしばられがちな外食産業においても、「夢」や「社会貢献」を過剰なほどに強調する企業が増えています。

「どうせ働くならやりがいを感じられる仕事に就きたい」「好きな分野で働きたい」という思いは、働く人——とくに若い世代——が職業を選択する上で抱く当たり前の欲求です。そして実際に、やりがいのある仕事ができるという喜びが賃金以上のモチベーションになる例がいくらでもあることを考えれば、この欲求は可能な限り追求すべきものでしょう。しかし、こうした若者たちの思いは、ときに人件費を削りたい経営者にとっての絶好の〝つけ込みどころ〟になってしまうのです。

クリエイティブな職で横行する劣悪な待遇

映画やテレビ番組、小説や漫画などの作品を世の中に送り出す仕事は、自分自身のクリエイティブな能力を発揮したい若者たちにとって、大いに魅力のあるものです。しかし、こうした業種では、業界ヒエラルキーの頂点に立つテレビ局や大手出版社の従業員が破格の高給を得る一方で、実際の作品づくりではむしろ主力を担う人びとの待遇は劣悪なことがめずらしくありません。

とりわけ、現代の若者にとってもっとも身近な娯楽のひとつであるアニメーションの制作現場は、その労働条件が過酷なことで知られています。２０１２年には、人気アニメ「名探偵コナン」などの背景画を手がける制作会社、スタジオ・イースターの複数の従業員が会社を相手取り、未払い残業代の支払いなどを求める訴訟を起こしたことが話題になりました。東京新聞の記事によると、原告の一人である20代の女性従業員は、週６日の勤務で、締め切り前には7時間の残業を強いられたにもかかわらず残業代はなし。

会社からは「アニメ業界に残業代という考え方はない」と言い渡されていたとのことです。（アニメーションの制作現場については95ページ図参照）

若者の「やる気」につけ込み、過酷な労働を強いる

9ページで紹介した気象予報業界大手のウェザーニューズもまた、従業員の「やりがい」をとことん搾取することで大きくなった企業と言えます。

同社は、多くの気象予報士を従業員として抱え、テレビ番組などに派遣する事業も行っています。難関で知られる気象予報士試験を突破して入社した若手従業員のフェイスブックを読むと、仕事に対する思いを、まぶしいほどの情熱で語っています。同じく9ページで紹介した、男性従業員Aさん（当時25歳）も、小学生のころから朝晩の温度を記録するなど、天気には人一倍の関心を持っていました。大学生のときに気象予報士になることを決意し、卒業後は働きながら勉強を続けて気象予報士の試験に合格し、第一志望だったウェザーニューズへの入社が決まった際には、本人も家族も大喜びだったそうです。

しかし、入社後にAさんを待っていたのは、過労死ライン（11ページ参照）を大幅に上回る月200時間の時間外労働でした。希望に燃えて入社したはずのAさんは、そのやる気につけ込まれ、加えて人格を否定するような叱責を受け、入社半年足らずで自らの命を絶ってしまったのです。

虚構の「やりがい」をつくり出す!?

これまでアニメーターや気象予報士といった職業を例として挙げてきましたが、こうした職業は従事する人にとっては多くの場合、子どものころからの夢の実現にほかならず、簡単に諦めることはできないものです。それゆえに極端な長時間労働や低賃金、上司からのパワハラを受けたとしても、それを我慢しよ

うとする心理が働き、正当な権利を主張することはおろか、退職して別の職場を探すという選択肢も取りづらくなります。企業側もそうした労働者の心理を熟知しているからこそ、やりがい搾取が成立しやすいのです。

さらに最近では、かならずしも人気職業とは言えないような業種でも似たような例が起きています。たとえば外食産業です。この業界は、新卒採用のスケジュールがほかの業種と比べて遅いことからもわかるように、外食産業は、学生の人気が集中する業種では決してありません。

しかし、それゆえなのでしょうか、これらの企業の経営者たちは、「夢」「情熱」などの抽象的な言葉を連呼する傾向があります。著書で「夢を持つこと」の大切さをくどいほどに繰り返し、「人間が働くのは、お金を儲けるためでは

「あこがれ」を利用する狡猾な企業
夢見た仕事！晴れて就職！
過酷な労働…
でも、あこがれていた仕事がんばらなきゃ！
ここにつけ込む企業
☑ 長時間労働
「好きだったら働けるだろ」
☑ 過剰な能力選抜
「１回の試験をパスするだけでプロになれると思ったのか？」
☑ サービス残業
「この業界では当たり前だよ。できなければ辞めればいい」
☑ パワハラ、セクハラ
「この仕事をしたいんだったら……わかるよね？」
違法性の高い労働環境

なく、人間性を高めるため」と臆面もなく語るワタミの渡邉元会長はその筆頭です。「すき家」で知られるゼンショーの小川賢太郎CEOも「世界から飢餓と貧困を撲滅する」といった、一企業としては誇大妄想気味とさえ言える理念をホームページ上で掲げています。

こうした極端に抽象的な「夢」や「やりがい」を、研修や業務中を通じて刷り込み、リアルなものとして信じさせるのはブラック企業に共通する手法ですが、こうした手法を徹底するのは、それを労働者に無理矢理にでも信じさせないことには続けられないほどの過重労働・低待遇、つまり違法性の高い職場であることを、ほかならぬ経営者自身がよく知っているからなのです。

無理にでも「やりがい」をつくり出さなければ、働き続けられない

根拠のない抽象的なフレーズを連呼し、
労働者へ過剰に**「やりがい」**を刷り込む

{Column} No.01

裁量が与えられない名ばかり「裁量労働制」

２「サービス残業」で紹介したように、労働者を低賃金で長時間働かせようとするブラック企業の手口に、「固定残業代」や「名ばかり管理職」といったものがありますが、もうひとつ、「サービス残業」の温床になっているのが、「裁量労働制」を悪用したケースです。近年、「名ばかり管理職」が社会問題化したことで利用しづらくなった影響もあって、この制度を導入する企業が増えています。

裁量労働制とは、業務の性質上、働き方を労働者の裁量にゆだねる必要があり、企業が労働時間を管理できない場合に導入できる制度で、あらかじめ定めた時間を労働時間としてみなし、何時間働いても残業代は発生しません。編集業務や大学での研究、弁護士業務など特定の業務について導入可能な「専門業務型裁量労働制」と、事業の企画・運営の業務について導入可能な「企画業務型裁量労働制」の二種類があります。

法令を勝手に解釈して残業代を支払わない

ところが近年、この「裁量労働制」のルールさえ逸脱して、名ばかりの「裁量労働」を強要する企業が増えています。そうした企業では、「裁量労働制」と言いながら、朝礼への参加を義務づけたり、逐一仕事の指示を出したり、オフィスでの勤務を命じたりと、「裁量」をまったく与えません。

また、「うちは裁量労働制だから」と言っておきながら、実際には裁量労働制の届出すら出していない場合もあります。形式的にも裁量労働制ではないのに、裁量労働制と称して、残業代を故意に支払わない企業があるのです。

6

自主退職の強要

肉体的、精神的苦痛を与え自主退職に追い込む

わが社は絶対にリストラしません!!
ニコ
ニコ
自分がなぜクズなのか考えてみろ
ダメ人間め!!
さまざまな研修
会社やめよっかな…
漢字かきとり
…
わが社はクビにはしないで自主退職させるんですよ

LEVEL. MAX

使い捨て度

「クビではない、自分から辞めると言ってきた」が企業の言い分

「明日までに辞表を書いてこい」。こんなふうに、「自主」退職を強要する企業があります。労働者の「意思」さえも自分の都合のよいように変えさせるのは、ブラック企業の真骨頂です。

“クビ”にはしない“クビ”同然のいやがらせ

アメリカの大手通信社ブルームバーグで行われていたPIP（Performance Improvement Plan）に対する裁判が、世間の耳目を集めました。PIPとは、「業務改善計画」と訳され、能力向上のための従業員教育と称して、まず達成できそうのないノルマを課します。ブルームバーグ社では、PIPを達成できなかったことを理由に、従業員を解雇していました。

この手法は、多くの企業で共有されています。ブルームバーグ社の事案は解雇にあたりますが、「達成できなければ退職する」と従業員に念書を書かせるケースも少なくありません。解雇ではなく、自主退職へと追い込むのです。

自主退職に追い込むため、パワーハラスメントによって精神的に追いつめ、出社できない状態にするケースもあります。新宿に本社を置く大手ＩＴ企業では、まさにその典型とも言えるようなことが行われていました。

退職させたい従業員を一人ずつ別室に呼び出し、密室で「自分がなぜクズなのか」を考えさせます。そして「研修」と称して、新宿駅でナンパをさせる、延々と漢字の書き取りをさせる、一発芸をさせる、坊主頭にさせるといった、さまざまな肉体的、精神的な苦痛を与えるのです。こうして従業員の心身を追いつめたところで、「ほかの会社に移ったほうがお互いにハッピーだと思う」とやさしく提案するのです。

大阪にある別の大手ＩＴ企業では、「コミュニケーション能力が低い」と言われ続けて適応障害という精神疾患を患ってしまった従業員に対して、「適応できなかったあなたが悪い。謝罪してほしい」とさらに追い討ちをかけるような暴言を吐きました。

こうした企業が徹底しているのは、従業員を決して解雇にはしないということです。前者のＩＴ企業では、追い込まれた従業員が「クビにしてください」と懇願したにもかかわらず、「解雇にはしない。自主退職以外は認めない」と応じています。後者も、「絶対にリストラしません」と謳って従業員を募集しており、その言葉どおり、団体交渉の席でも「解雇したいというわけではない」と最後まで主張し続けました。

自主退職では雇用保険の受け取りが不利になる

退職は、従業員の合意があってはじめて成立するものです。「退職してほしい」と企業が言うこと自体は違法ではありませんが、従業員が「嫌です」と言えば、退職は成立しません。退職を強いるようないじめがあれば、それは退職強要やパワーハラスメントとして問題化することができます。

また、退職には大きく分けて自己都合退職と会社都合退職の２つの種類があります。自己都合退職は、従業員から申し出があったものを指します。「一身上の都合で退職します」などという内容の辞表を書かされてしまうと、自己都合退職の扱いになってしまいます。この区別は雇用保険（失業保険）を受け取る際に重要な意味を持っていて、自己都合退職者は、退職してから３カ月間は雇用保険を受け取ることができない受給制限期間があるなど、雇用保険の受け取りで不利になってしまいます。

したがって、企業に何と言われようが自分が望まない限りは退職に応じる必要はありませんし、仮に納得したとしても自己都合退職になるような辞表を書くべきではありません。

解雇しないことが助成金受け取りの条件になっている

一方、従業員が自主退職に合意してしまうと、企業側は解雇の際に負うべき法的リスク（８「不当解雇」

参照）から免れることができます。解雇の場合は、使用者が一方的に従業員との雇用契約を打ち切るため、「正当な」理由が必要ですし、30日以上の予告期間を設けたり、労働者から解雇理由を尋ねられた場合にはそれを明示しなければならなかったり、手続き上のさまざまな義務も生じます。企業は、従業員から「退職します」という言質さえ取れば、これらの責任から解放されるのです。

さらに、ブラック企業は、単に退職に合意させるだけでなく、従業員の側の「一身上の都合」によるものだとつけ加えさせます。自己都合退職にすると退職金を支払わずにすんだり、雇用関係の助成金を継続して受けられたり（従業員を解雇すると助成金は打ち切られる場合がある）するなど、企業にとっていくつかのメリットがあります。

逆に言うと、ブラック企業は、たったそれだけのメリットのために、従業員を精神的に追いつめ、自主退職にまで追い込むのです。

自己都合退職にこだわる企業のメリット

- ☑ 正当な理由が必要な解雇と異なり、従業員の自由意思による退職の場合、労働法、民法上、**問題がほとんど発生しない。**
- ☑ 解雇を行った場合、一部の**雇用助成金を受給できなくなる。**

自己都合退職にさせられた際の労働者のデメリット

退職してから3カ月間は雇用保険を受け取ることができない受給制限期間がある

など

7
内定辞退の強要

入社前の研修で選抜し内定辞退を強要する

「社員三誓」暗唱!!
35秒以内で暗唱できなきゃ内定は辞退しろ!!
書類一式も用意してあるゾ
えーえーっ
そんなん

企業の関心は、"無茶ぶり" に従う人間かどうかだけ

LEVEL.
MAX
使い捨て度

学生の就職活動は、昨今厳しさを増していると言われます。その就職戦線を勝ち抜いて得た内定を、卒業前ぎりぎりになって突然取り消されてしまうケースがあります。さらに問題なのは、内定の辞退を強要するケースまで出てきていることです。解雇にすることの法的リスクを避けて自己都合退職に追い込むのと同様の事例が、内定段階でも起きています。

修了不可能な「研修」で内定辞退を強要する

内定辞退の強要の例として有名なのは、「くら寿司」を経営する株式会社くらコーポレーションのケースです。テレビ局が数回にわたって報道したことで、社会的な問題となりました。

くらコーポレーションに入社した者は、内定者研修までに「くら社員三誓」というものを暗唱しなければならず、それができないものは、入社する意思がないものと判断されます。

「ひとつ、私は人と会話することが大好きな社員となります。そのために人に好意をもちます。人を喜ばせることが自分の喜びと思います。いつも明るい笑顔で自分から積極的に話しかけます。また、常にプラス思考で自分と会話すれば相手が明るく元気になれるように働きかけます」。以降、この約2倍の長さの文章が続く「くら社員三誓」を、35秒以内に暗唱することを求められます。そして、この研修についていけなかった20名ほどが、内定の辞退を強要されたと報道されました。

内定辞退届は、一言一句会社の指示で書かされ、「貴社に対して何らの権利や請求権をもっていないことを確認致します」と、本人の意思だけではおよそ書きそうもない文言も入っていました。

一方で、内定中から働かされる相談も寄せられています。3月は卒業式以外にまったく休みなくフルタイムで働かされ、しかも「内定者研修」として最低賃金に満たない研修費だけが支払われるのが一般的です。なかには、研修にかかった費用を内定者から徴収する企業まであります。

そうして卒業前の段階から長時間安く働かせて、気に入らなければ本採用前に切ってしまう「内定取り消し」も見られます。

内定で学生を縛り、ほかの内定先も断らせた上でこき使い、ささいな理由で内定を取り消すのです。卒業を目前に控えた状態では急いで別の就職先を探さざるを得ず、企業と争う時間的な余裕もありません。

内定であっても、雇用義務は発生する

内定は、雇用契約の一種とされています。「○月×日から働く」という約束を労使間で交わしていることになります。これを使用者が一方的に打ち切るには、内定者が卒業できなくなってしまったり、犯罪を犯して逮捕されたりといった、打ち切りに足る合理的な理由が必要です。社訓が暗唱できなかったくらいの理由で内定を取り消すことは、当然許されません。

内定を取り消された場合、経済的ダメージは非常に大きいですから、仮に裁判などで企業と争った場合には、損害賠償金や賃金相当額を補償させることが可能です。

また、内定中であっても、現実に働かされているのであれば、「研修」かどうかという名目にかかわらず、法律で定められた最低限の賃金が支払われなければなりません。

内定者研修の意図は、異常な選抜と安価な労働力の確保

内定者研修の時点で内定取り消しを行うのは、企業側に早期に内定者を選抜したいという思惑があるからでしょう。くらコーポレーションのケースでは、入社する前の段階でふるいにかけることができました。

ここで注目しておきたいのは、企業は、どのような基準でふるいにかけているのかということです。早口や暗記力といったものが基準になるわけではありません。理不尽な命令でもがまんして従う人間かどう

か、しかもただがまんするだけでなく、その理不尽な命令に対して一生懸命取り組むことができるかどうかというのが選抜の基準だと考えられます。

また、内定者研修と称して働かせるのは、端的に言って安く働かせることが可能だからです。正社員はおろか、アルバイトよりも安く働かせることができるというのが「内定者研修」のメリットです。また、学生のうちから働かせれば、結果、4月の入社時点から即戦力として使用できるというメリットもあるでしょう。

悪質な内定取り消し事案については、2009年から、文部科学省が企業名を公表することになっています。ところが、公表に該当する基準が厳しく、実際に内定取り消しを行っている企業のほとんどが公表されていません。また、くらコーポレーションのように内定者から辞退を強要するケースはあくまで「内定辞退」ですから、公表されることはありません。そうしたことから、内定取り消し企業の公表は就職活動中の学生にとって有用な情報とは言い難い状況が続いています。

違法な内定取り消しも辞さない企業の意図

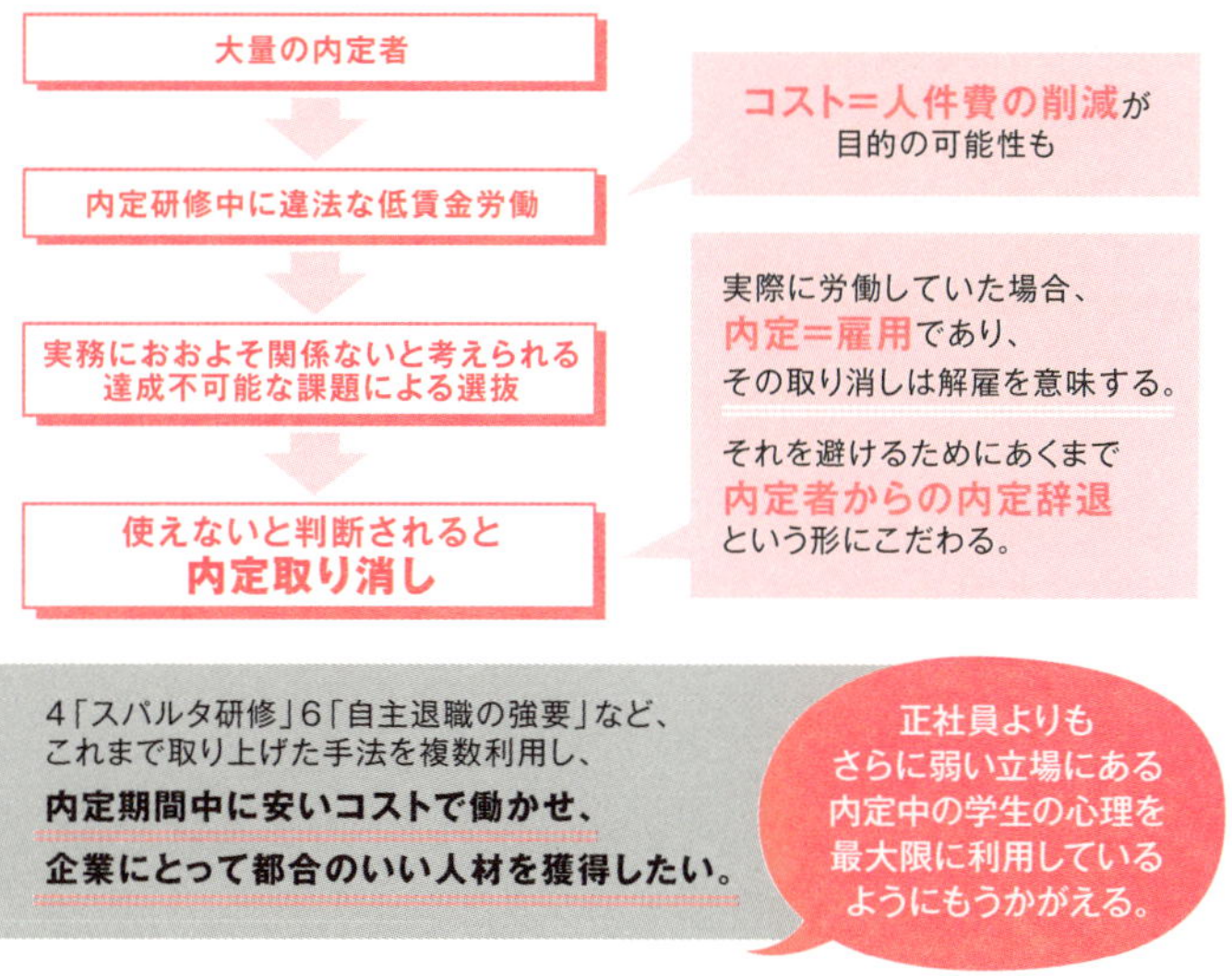
大量の内定者
内定研修中に違法な低賃金労働
実務におおよそ関係ないと考えられる
達成不可能な課題による選抜
使えないと判断されると
内定取り消し
コスト＝人件費の削減が
目的の可能性も
実際に労働していた場合、
内定＝雇用であり、
その取り消しは解雇を意味する。
それを避けるためにあくまで
内定者からの内定辞退
という形にこだわる。
4「スパルタ研修」6「自主退職の強要」など、
これまで取り上げた手法を複数利用し、
内定期間中に安いコストで働かせ、
企業にとって都合のいい人材を獲得したい。
正社員よりも
さらに弱い立場にある
内定中の学生の心理を
最大限に利用している
ようにもうかがえる。

8

不当解雇

感情的で些細な理由でクビにする

非常識にもほどがある、
一方的で安直すぎる違法行為

LEVEL.
4
使い捨て度

労働者は、企業で働いてお金を得ることで生計を立てています。職を失うことは、労働者にとっては死活問題です。とくに失業保険のしくみが脆弱な日本ではなおさらです。

そこで、労働者を解雇するときには、合理的な理由が必要であると法律で決められています。手続き上でも、使用者はいくつかの義務を負っています。

ところがブラック企業では、そうしたルールを無視した身勝手な理由による不当解雇が横行しています。

大企業でも横行する不当な解雇

不当解雇のなかでも多いのは、使用者が従業員を気に入らないという理由で辞めさせる事案です。当然、「従業員のことが気に入らないから」というのは、労働法で規定されるところの「合理的な理由」とはなり得ません。ところが、現実の職場では、こうした理由での解雇が横行しています。

日本航空株式会社（ＪＡＬ）の、ある新卒キャビン・アテンダント（ＣＡ）の女性が解雇されました。ＪＡＬのＣＡは、のちほど大半が正社員登用されますが、最初はかならず契約社員として雇用されます。そのため、女性の裁判は厳密には「解雇」ではなく「雇い止め」として扱われています。新卒社員を大量採用している大企業のＪＡＬは、いったいどんな理由で従業員をクビにしているのでしょうか。

ＪＡＬ側は裁判で、「ジュースの注ぎ口の高さ」、「紙パックのジュースの切り方」が悪いということを堂々と列挙しました。ほかにも、「電車のなかで空席を見つけて座った」「ホテルで食事の予約先を間違えた」といった、業務と関係のないことまであげつらって「雇い止め」の正当性を主張したのです。ＪＡＬほどの大企業であっても、これだけ些細な理由で従業員をクビにしているのです。

もうひとつ、大企業がいかに法律を無視して従業員のクビを切るのかを示す事例を紹介します。ＩＴ大手、株式会社サイバーエージェントの社長である藤田晋氏は、自身のブログで「ミスマッチ制度」という人事制度を発表しています。

ミスマッチ制度とは、従業員の査定下位5％をD評価とし、2回目のD評価で部署異動または退職勧奨のいずれかを選択するというものです。これだけでも問題ですが、ポイントは誰がD評価になるかです。「仕事のパフォーマンスだけでなく、価値観、文化の合わない人が対象となります」。「評価に関しては、上司だけでなく、人事、役員も加わった責任の下に行います。嫌われたくないや傷つけたくないといった理由でD評価をまったくつけられない上司は、何度か続くとその人がD評価となります」。

「退職勧奨」とありますが、この記載からはほぼ事実上の解雇通告と解釈してよいでしょう。JALのケースでも、退職を勧められた同僚の多くは自主退職していったそうです。従業員が「NO」と意思表示した場合に、それまで法律上の「退職勧奨」（あるいは退職強要）だったものが、「解雇」の問題として現れるのです。

法律上の〝正当な解雇〟は困難である

繰り返し述べたように、解雇は、合理的な理由がなければ認められません。

従業員が気に入らないとか、社風に合わないとか、そうした理由で解雇にすることは許されません。度重なる遅刻や単発的な無断欠勤さえ、裁判では合理的な解雇の理由とはまず認められません。一般的な感覚よりもずっと、従業員を解雇にするだけの合理的な理由を探すのは難しいのです。

ちなみに、解雇の種類のひとつに、「整理解雇」というものがあります。いわゆるリストラです。これは企業の業績が悪化した際に行われるものですが、従業員に落ち度がないにもかかわらず解雇するものなので、通常の解雇よりも厳しく判断されます。「会社の経営が厳しいから、人を減らすしかない」という理由での解雇のほうが、自身の落ち度で解雇されるより受け入れやすいと感じる人もいるかもしれませんが、法律的には、まったく逆なのです。

育てる必要がないから、安直にクビにする

もともと日本の職場では、上司に気に入られるかどうかが出世競争を左右してきました。ブラック企業もある面ではこれと同じように仕事の質ではなく、人格的な観点から評価を行っています。違いは、いわゆる長期雇用慣行の下では出世競争に勝ち残れなくても「窓際」にとどまることができたのに対し、ブラック企業ではそれさえも許されないということです。

では、企業はせっかく雇った従業員を、なぜこんなにも些細な理由でクビにするのでしょうか。やはり、「代わりがいくらでもいる」ことが背景にあると考えられます。「代わりがたくさんいる」ことは、単に失業者がたくさんいるというだけではありません。従業員を長期に雇用し、育てることを前提とした労務管理をしている企業

企業が従業員を解雇するためには相応な理由が必要

普通解雇

就業規則に違反している場合

・遅刻や無断欠勤をいくら注意しても直さない
・仕事に必要な教育や指導を行っても著しく能力が欠如している

懲戒解雇

就業中の違法行為や重大な過失があった場合

整理解雇

企業の業績悪化などによる人員整理が必要な場合

整理解雇の４要件
①整理解雇の必要性
②整理解雇回避の努力
③選定基準の客観的合理性
④手続きの妥当性
これらすべてを満たすことが前提

・また解雇の通知は**30日前**にしなければならず、即日解雇する場合は30日分以上の**「解雇予告手当」**を支払わなければならない
・退職金について整理解雇の場合、**自主退職よりも多め**に支払わなければならない

上記に当てはまらない解雇の一切は**不当解雇**であり、違法である

労働契約法第16条で「解雇は、客観的に合理的な理由を欠き、社会通念上相当であると認められない場合は、その権利を濫用したものとして、無効とする」とされている。

にとって、自社の環境で育てた従業員の代わりを見つけるのは困難だからです。

ところが、従業員のほとんどが非正規雇用の職場では、長期的な育成は前提とされません。そのように労務管理の仕方を変えているからこそ、「いくらでも代わりがいる」状態が生まれるのです。また、はじめから「即戦力」としてしか雇わない企業も、ベンチャー企業を中心に散見されます。こうした企業にとっては、これから教える必要があるというだけで、十分に従業員を「切りたい」理由になり得ます。大量に採用して、長時間働かせて無理難題を押しつけ、その要求に応えて高いパフォーマンスを示し、かつ、「気に入った」人間、使いやすい人間だけを残すのです。

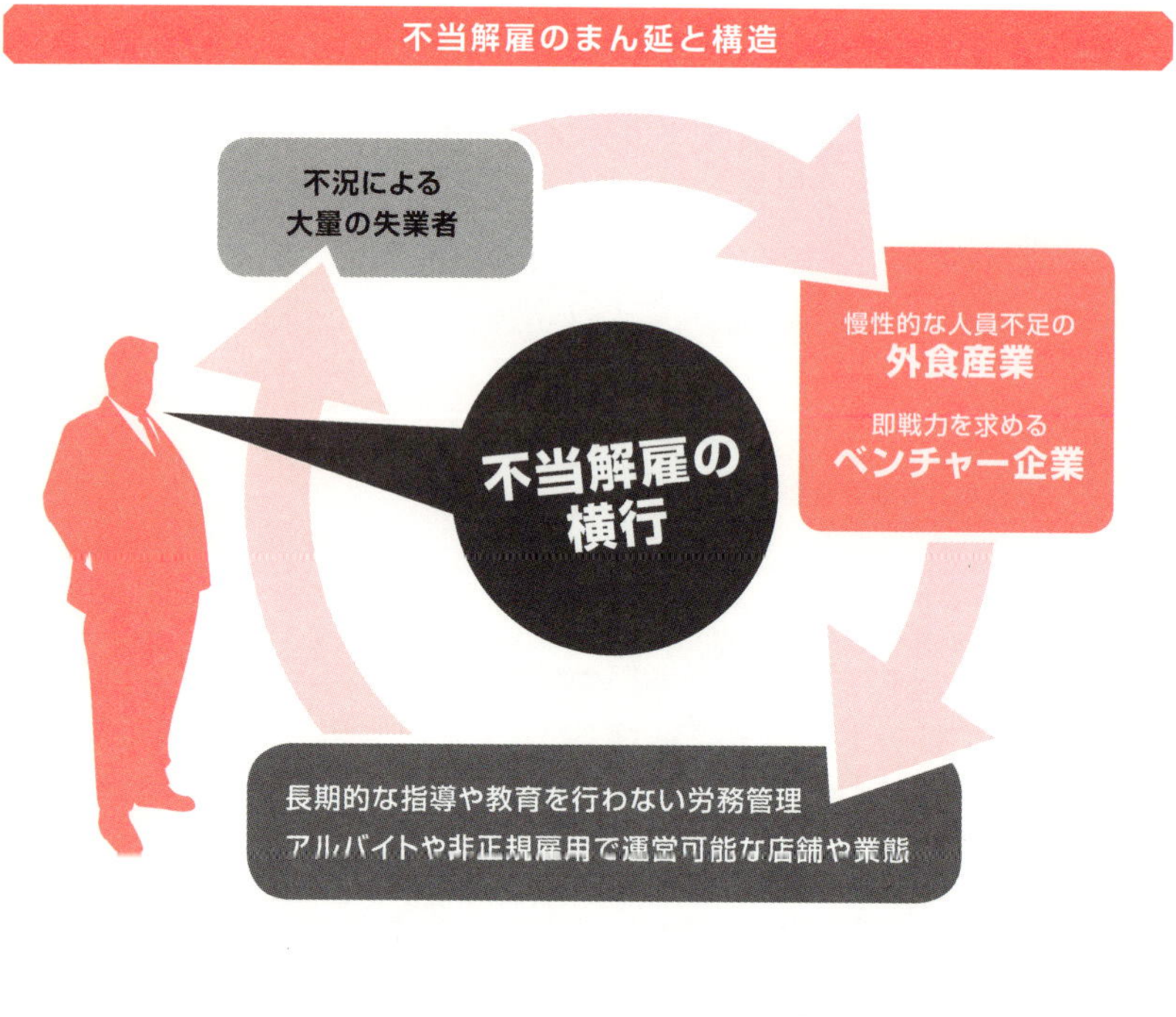
不当解雇のまん延と構造
不況による
大量の失業者
慢性的な人員不足の
外食産業
即戦力を求める
ベンチャー企業
長期的な指導や教育を行わない労務管理
アルバイトや非正規雇用で運営可能な店舗や業態
不当解雇の
横行

ブラック企業の片棒を担ぐ「ブラック士業」

　ブラック企業の片棒を担ぐような弁護士・社会保険労務士は、一部で「ブラック士業」と呼ばれています。

　固定残業代の宣伝をし、過労死の温床を広げることで生計を立てる社会保険労務士もそうですし、企業に対して権利主張した労働者に対して、さしたる根拠もないのに「損害賠償を請求する」などと恐喝の書面を送る弁護士もそうです。「こうすれば脱法行為ができます」と悪知恵を吹き込んで正当な権利行使を妨害する、そのような「専門家」が、残念ながら一定数存在しているのです。

　近年では労働者が個人で権利主張をする場面も増えており、その過程で労使の交渉に慣れていない企業がこうした「ブラック士業」に頼る機会が出ているようです。「ブラック士業」と見受けられる人の書籍を読むと、残業代を請求するのが非常識だとされたり、労働災害の申請書にはサインするなと指南したり、「さすがにこれは違法ではないか……」と思わされる叙述が並んでいます。

話をこじらせ、利益を上げようとするケースも

　悪質なケースになると、依頼人である企業側の利益すら損ねます。

　ある団体交渉では、有給休暇の消化に関する小さな事案に対して、弁護士が３人も出てきました。１人の日当がいくらかは定かではありませんが、この１度の団体交渉だけで労働者が求める以上の金額が弁護士たちに支払われているはずです。労働組合に対して少しでも妥協すれば企業をのっとられてしまうといったような脅し文句を、「ブラック士業」はよく使います。穏当な話し合いの場を妨害して話をこじらせるほど、「ブラック士業」の収益は大きくなるからです。

9
セクハラ

社内の力関係を利用して性的な言動をとる

“悪ふざけ”ではすまされない。今も軽視されるが、精神的ダメージは大きい。

LEVEL 5
追いつめられ度

セクシャルハラスメントとは、「職場において行われる相手方の意に反する性的な言動」と定義され、性的行為の強要は言うまでもなく、「おじさん」「おばさん」など、性による差別的な意識に基づく呼び方や、「男のくせに根性がない」などの発言、スリーサイズを聞く、女性だからとお茶くみや掃除を強要したりすることなども含みます。

今もその深刻性が軽視されていると言わざるを得ないセクハラですが、最近表に出たケースに、カネボウ化粧品の子会社でノルマを達成できなかった罰として、女性従業員にうさぎの耳などを着用させ、当事者の許可なく写真撮影をした上で、別の研修会でその写真を投影した事件が挙げられます。この後、女性は精神的な苦痛を負ったとして会社とその上司らを大分地裁に提訴しました。裁判所は2013年2月20日、慰謝料請求330万円のうち、被告に一部責任があることを認め、22万円を支払うように命じました。

この件について、インターネット上で親会社のカネボウに対する批判が相次ぎ、「もうカネボウは買わない」などの不買を呼びかける声や、元美容部員からの怒りなどの書き込みがありました。しかし一方で、「うさぎの耳くらいで……」という会社に同情的な声があるのも実情です。

上司二人から継続して性的関係を強要され、精神的に追いつめられていく

この例では、加害者を裁判で訴える結果となっていますが、多くは、職場でのセクハラ被害はかならずしも公的機関への相談や届け出には結びついていません。

東京都産業労働局へ寄せられる相談の25％は、セクハラに関するものであり、なかでもサービス業や情報通信業での事件が割合として突出しているのも注目すべき点です。しかし労働局は、セクハラは発生件数ばかりに注目するのでなく、問題が顕在化しやすいかどうかを検証する必要があると述べています。つまり、被害の申し立てをする環境が整っていれば、被害者はなんとか行動に移すことができますが、「泣

き寝入りせざるを得ない状況が強ければ、労働問題として顕在化しない」のです。

中古ブランド品の質屋として知られる「銀蔵」を展開する株式会社銀蔵創業でのセクハラ事件も、まさに泣き寝入りで終わってしまう危険性がありました。当時27歳だったEさん（女性）は、採用が内定していた銀蔵でインターン研修生として働いていたときに社長や店長などからレイプされ、引き続き性的関係を強要されたとして提訴しました。一審では全面敗訴したものの、２０１２年8月高裁で逆転勝訴し、被告社長に３３０万円の支払いを命じる判決が出ています。

ブラック企業経営者の多くは、従業員を「家族」にしたがる傾向がありますが、この社長も同様「社員は家族のようなものだから」と、実家から離れた土地に勤務しているEさんを心配したふりをして彼女の自宅まで押し掛け「寂しいでしょう」などと言って性的行為を強要していました。

Eさんは、「本当は誰かに助けてほしかったけど、友だちからの電話には『元気でやっている』としか答えられなかった」と後悔の念を打ち明けます。

社長だけでなく、店長からもレイプされているこのEさんは、自分の上司となる2人の加害者が結託して自分を陥れようとしていると考えるようになり、精神的に追いつめられていきました。勤務先では加害者2人から監視されているようで、恐怖心にかられ「それぞれの奴隷のようだった」と話しています。

結局、Eさんは退職しましたが、勇気を出して会社は安全配慮義務を果たし、職場でセクハラが行われないように従業員を指導すべきだと会長に訴えたところ、会長は「お世話になった人もいるでしょ」と開き直ったと言います。会長は「世話してやったのだから、反抗せずに会社の言いなりになれ」という滅私奉公の理念を押しつけ、労働者の権利や人権をまったく無視したのです。これはブラック企業の典型的な考え方と言えるでしょう。

「レイプされそうになったら死ぬ気で抵抗しろと言うが、これは冷静な状態だから言えること。恐怖とショックで叫び声も抵抗する力も出ないのが本当のところ」「加害者が、毎日職場で顔を合わせる上司だとすれば、逃げろと言ってもどこへ逃げればいいのか」「加害者にとっては『でき心』かもしれないが、被害者の心や人生をめちゃめちゃにする」とEさんは語っています。

高裁の裁判官は「人事権のある社長に対して、女性は自分の置かれた立場を考えてやむなく受け入れた」「立場を利用した違法な行為で、会社の事業執行とも密接な関連性がある」と指摘しました。

法律上のセクハラの概要

職場におけるセクハラの用例

「相手の意思に反して不快や不安な状態に追い込む性的なことばや行為」を指し「一定の集団内で、性的価値観により、快不快の評価が分かれ得るような言動を行ったり、そのような環境をつくり出すこと」とされる

セクハラそのものを規制する法律

事業主は、職場において行われる性的な言動に対するその雇用する労働者の対応により当該労働者がその労働条件につき不利益を受け、又は当該性的な言動により当該労働者の就業環境が害されることのないよう 当該労働者からの相談に応じ適切に対応するために必要な体制の整備その他の雇用管理上必要な措置を講じなければならない（男女雇用機会均等法第11条）

具体的には……
・セクハラ禁止のポスターを貼り出す（会社方針の従業員への告知）
・相談窓口の併設や就業規則への罰則等の記載（防止措置）
・違反者の懲戒処分（雇用管理上の必要な措置）

セクハラの被害に遭い、企業が以上の措置を実施しない場合は、被害者は加害者本人や企業に対し、ユニオンなどを通して損害賠償の請求等が行える

セクハラ被害は、一人で解決しようとしない

被害に遭った場合は、まず加害者に行為自体をやめるように要求し、それがセクハラであることを伝えます。一人で解決しようとせず、企業の相談窓口担当者に被害を申告することも考えましょう。職場でセクハラ対策を講じること、またそれについて従業員に周知・啓発することは、経営者の義務です。ただ、加害者が上司や同僚だったりする場合は、企業内で告発することに不安を感じるかもしれません。外部団体である労働組合、弁護士会や労働局など、無料で労働相談を受けているところへ被害を訴えることも可能です。

残念ながら、告発してもハラスメントの被害（性的行為も嫌がらせも含む）については客観的証拠や加害の証拠が残りにくいため、裁判で勝訴することは容易ではありません。また、被害当事者がひどく傷ついたり、精神的苦痛を負ったりするため、第三者機関に相談しづらいと感じ、事件が告発されずに終わることも多いのが実情です（２０１２年内閣府男女共同参画局調査）。とくに言葉によるセクハラは、今もその深刻性が軽視されていますが、被害者が身体的・精神的に負った傷害や苦痛を考えると、金銭和解だけでは不十分だと言えるでしょう。

「被害者は、まず『私はセクハラ被害者だ』という『まっとうな』認識を得ることからはじめなければいけない」とウィメンズプラザ京都の井上摩耶子さんは言います。カウンセリングを通じて、実際の被害状況を感情とともに吐き出していくことで、ようやく回復していくのです。

10
カルト的社風

経営者の思想を過剰なまでに従業員に注入する

会長のご尊影に一礼！
昼メシ食える店長は二流
ははぁ～

企業のトップの発言こそが絶対！
もはや宗教レベル。

LEVEL.
4
追いつめられ度

「カルト」とは、1990年代にアメリカにおいて、反社会的な宗教団体などを指して使われるようになった言葉です。ブラック企業のなかには、社会の常識と乖離した倫理・価値観が奨励され、経営者への過剰な個人崇拝が要求された結果、カルト的とも言える社風が形成されている企業も存在します。

経営者への個人崇拝は、創業者が一から身を起こし、大企業にまで育て上げた企業にあっては、それほど珍しいことではありません。たとえば、2011年に会社更生法の手続きを開始したかつての消費者金融最大手、武富士もそうでした。

当時、武富士の各支店には、創業者である武井会長の写真が飾られ、始終業時には従業員全員が写真に向かって頭を下げなくてはいけない決まりがありました。この際、いいかげんな頭の下げ方をしている従業員がいないかどうか従業員同士で監視し合い、密告するしくみまであったと言われています。

同社の創業者である武井保雄氏（故人）は大変猜疑心の強い人物で、2003年には、武富士に批判的だったジャーナリストの自宅を盗聴した容疑で逮捕され、懲役3年、執行猶予4年の有罪判決を受けました。

創業者の経営信条を徹底して、叩き込む

創業者を個人崇拝させる企業の代表格だったのが、稲盛和夫氏（現日本航空取締役名誉会長）が一代でつくり上げた電子機器等製造大手の京セラです。

稲盛氏は、従業員を6～7人の小集団（アメーバ）に分けて組織する「アメーバ経営」が有名で、中小企業経営者にとってのカリスマ的な存在です。稲盛氏が語る経営信条は、京セラ社内では「フィロソフィー」と呼ばれ、従業員にとっては、今でもキリスト教徒にとっての聖書などと同等の価値をもつ〝聖典〟のような扱いを受けています。

稲盛氏の言葉は、「事業の目的、意義を明確にする。公明正大で大義名分のある高い目的を立てる」「具体的な目標を立てる。立てた目標は常に社員と共有する」（京セラホームページ「稲盛経営12ヵ条」より）など、それ自体はとくに反対のしようもない普遍的なものです。ただ、京セラの場合、その思想注入にかける情熱は、一企業というよりはむしろ宗教的です。

京セラには、稲盛氏の言葉を集めた300ページを超える「京セラフィロソフィー集」を全従業員が所有し、その内容を頭に叩き込まなくてはならない、というルールがあります。

また、稲盛氏が新刊を出すと、そのたびに朝礼で告知され、全従業員に申込用紙が配られます。従業員はこれを購入することを事実上義務づけられており、購入費は各自の給料から天引きされます。

また、一般従業員は丸1日、管理職以上は1泊2日での参加が義務づけられた「フィロソフィー研修」が、3カ月に1度の頻度で開催され、これはほかのどの業務よりも優先させなくてはならない京セラ社員の最重要業務であるとされています。稲盛氏が出演するビデオを鑑賞し、6人1組（アメーバ）ごとにグループディスカッションをし、感想文を書いて提出するのです。

このように稲盛氏の「フィロソフィー」を丸暗記し、実践できる人でないと、京セラでは出世はおぼつかないとさえ言われています。

国友隆一氏（ベストサービス研究センター代表取締役）によると、稲盛氏が得度を受けた京都府八幡市の臨済宗の寺には、京セラが設立20周年記念行事として建てた、「従業員の墓」があります。

国友氏は著書で、「京セラ発展のために死力を尽くして倒れた社員や、創立に力のあった方々の名が、慰霊室の銘盤に刻まれている。〝死して後までもパートナーとして一緒にいてほしい〟。いかにも稲盛らしい願いである」（『血気と深慮の経営』）と述べています。

個人崇拝を違法労働に利用するワタミ

このように、経営者個人を崇拝させ、思想を注入することをもっとも過激な形で行っているのは、本書にすでに何度も登場しているワタミです。ワタミの場合、これを従業員を低賃金で長時間酷使するための道具として戦略的に利用している点で、十分に反社会的です。

ワタミでは、渡邉元会長の自慢話や、ワタミ株の購入などを勧める内容の「メッセージビデオ」が毎月本社から送られてきます。従業員は全員、このビデオを鑑賞し、その感想文を提出しなければなりません。また正社員には、渡邉氏の思想をまとめた「理念集」を所持することが義務づけられており、理念集を暗記する研修への参加も事実上強制されています。理念集を覚えたかどうかはテストでチェックされ、点数が悪いと追試を受けさせられ、合格するまで研修を終えることができないしくみです。

言葉そのものは穏当な稲盛氏と違い、「理念集」に明示された渡邉元会長の価値観は、「24時間365日死ぬまで働け」に代表されるように、労働に関する法律を真っ向から否定するものばかりです。

また、同社の内定者に配布される「質疑応答集」には、勤務時間に関する質問への回答として2つの回答が記されており、「悩んだら、悩み続ける人向け」には法定労働時間の8時間と答えているのに対し、「決断の早い人向け」には、「朝起きてから寝るまで働け。起きている間が労働時間だ」と法定労働時間を完全否定する回答が書かれていました。ここからは従業員を「よい従業員」と「悪い従業員」に選別し、よい従業員であるためには法定労働時間など忘れ、生活のすべてをワタミの業務に捧げるのが当然、と思想誘導する意図がくみ取れます。

ある週刊誌の記者が、ワタミの従業員に「渡邉美樹会長のどこがそんなにいいのか?」と尋ねたところ、「あの方は、社内の廊下にゴミが落ちているのを見かけると、なんと自分で拾ってくださるんです！　こんな社長、ほかに誰がいますか!?」と目をキラキラさせながら答えたと証言しています。あらかじめ神聖化されたトップが些細な善行をし、それを部下が過剰にありがたがり、さらに信仰を強める、という構図は、いかにもカルト的です。

宗教的な経営者崇拝による企業の目的

☑ 過酷な労働条件の隠ぺい
☑ 必要以上の愛社精神の植えつけ
☑ 従業員の不満の軽減
これらを目的とした従業員の洗脳に歪んだ社風を利用しているという見方も
従わない従業員は解雇や退職強要の対象となり、組織ぐるみのパワハラなどの違法行為を受けることにつながる
☑ 会社内での昇進の基準、従業員同士の監視
☑ 長時間労働などの違法行為に対する意識の希薄化
カルト的な創業者崇拝は苦労して起業した、あるいは企業の成長のために行き過ぎた営業努力を行った経営者や企業に多く見られる

盲目的に社風を崇拝すれば企業にとって理想的な都合のいい従業員になってしまう

長時間労働や低賃金であることを受け入れてしまい、労働者としての正当な権利の破棄につながる

11

パワハラ

職場の地位を利用して精神的、身体的苦痛を与える

LEVEL.
5
追いつめられ度

立場が上の者が感情に任せて、
精神的、肉体的嫌がらせを行う。

パワーハラスメントとは、職務上の地位や人間関係などの職場内の優位性を背景に、精神的・身体的苦痛を与えたり職場環境を悪化させたりする行為です。近年、パワハラの相談が増加しており、厚生労働省の相談コーナーに寄せられる件数の割合では、解雇の18・9％に続き、15・1％を占めています。

パワハラは、学校、介護、飲食、ＩＴ、医療、公務員など、あらゆる業界で見られ、その内容も、無視する、「辞めろ」と脅す、イスを投げつける、殴るなどさまざまです。正社員、パート、派遣社員など、労働形態にかかわらずパワハラの対象となります。誰もが、ある日突然被害者になり得ます。これはパワハラではないのか？　と疑問に思ったときは、下図の判断基準に照らしてみるとよいでしょう。

パワーハラスメントの判断基準

- □ 暴力・傷害
- □ 脅迫・名誉毀損・侮辱・ひどい暴言
- □ 隔離・仲間外し・無視
- □ 業務上、明らかに不要なことや遂行不可能なことの強制、仕事の妨害
- □ 業務上の合理性なく、能力や経験とかけ離れた程度の低い仕事を命じることや仕事を与えないこと
- □ 私的なことに過度に立ち入ること

厚生労働省
「職場のパワーハラスメントの予防・解決に向けた提言」より

命の危険を感じるほどの暴力が横行している

衣料品製造小売業最大手の「ユニクロ」を展開する株式会社ファーストリテイリングでは、数年前に、暴力的なパワハラ事件が発生し、裁判が行われました。ユニクロで店長代行として勤務していた男性従業員Ｓさんが店長の不備を指摘したところ、それに怒った店長が、男性の胸ぐらをつかんで背部を壁に打ちつけ、顔面に頭突きするなどの行為にいたったものです。Ｓさんはこの事件で頸部挫傷の重傷を負って入院し、その後、心的外傷後ストレス障害と診断を受けました。暴行事件からおよそ3年後には、管理部長

から「いいかげんにせいよ。ぶち殺そうか。調子に乗るなよ、オマエ」といった内容の脅迫的暴言を浴びせられ、Sさんは緊張と恐怖から嘔吐してしまい、病院に救急搬送されました。裁判では、店長による暴行と管理部長の発言の違法性が認められ、休業損害や慰謝料としておよそ1000万円の支払いが命じられています。また、この暴言を吐いた管理部長は、その後も昇進を続けています。

閑職に追いやり退職を迫る「追い出し部屋」

従業員を追いつめて自分から退職するように仕向ける方法は、大量リストラが横行したバブル崩壊直後から広く使われてきました。最近では「追い出し部屋」といった名称で再び注目されるようになりました。

自費出版大手の文芸社で働くAさんは、それまで営業成績がトップであったにもかかわらず、突然「来期からキミの活躍する場がなくなる」と上司に告げられ、転職先を探すよう勧められました。その後、職場であいさつをしない、言葉を交わさないなどの無視がはじまり、やがて「原稿管理部」への異動を命じられます。原稿管理部は、窓も空調設備もない地下1階の、倉庫としか説明しようがないコンクリートの壁に囲まれた部屋にありました。Aさんはこの部屋で、午前中と午後の1時間ずつ、出版にいたらなかった原稿を廃棄するために、通常は機械で処理するホチキス取りを手作業で行うよう命令されたのです。また、廃棄原稿をデータ化するという名目で、それらをすべて手作業でコンピューターに打ち込むよう指示されました。打ち込みの作業は、ほかの従業員が勤務するそれまでの職場で行われましたが、2カ月以上ほぼ毎日、上司2人が1メートルと離れていない背後に立ってAさんを監視していたと言います。これは「背面監視」と呼ばれ、1980年代に当時国鉄の民営化に反対して闘った職員たちにも、同じようなハラスメントが行われたことで知られています。

従業員のストレス発散に、弱い立場の者が狙われる

パワーハラスメントの原因としては、人員削減や人材不足による過重労働とストレス、管理職に対する教育不足、就労形態の多様化などが考えられます。とくに、労働者は成果主義的な考え方の下で激しい競争に勝利するため、職場での過重労働を強いられ、利益を追求させられるなかで、日々ストレスを感じています。そのはけ口として、弱い者がストレス発散の対象となってしまうわけです。

身体的なものであれ精神的なものであれ、暴力は人権や生存権の侵害です。こうした観点から、労働組合に加入して企業と交渉したり、提訴したりして、慰謝料を求めたり、職場の安全を確保させるよう働きかけたりする必要があります。

大企業で常態化するパワハラの温床、追い出し部屋とは

キャリア開発室、キャリアデザイン室等
名前だけでは何をするかよくわからない
部署（追い出し部屋）への配属

違法

追い出し部屋での業務（パワハラ）

- □求人サイトでひたすら転職先を検索する大手製造メーカーキャリア開発チーム
- □人材研修会社の講習で「あなたたちは会社から必要ないと言われた人たちです。別の道を見つけてください」と説得される大手製造メーカーチャレンジプログラム

出所：ダイヤモンドオンライン　2013年5月20日

企業は従業員（上司など）がパワハラによる違法行為を行っていた場合に以下のような責任を負うことになる

①安全配慮義務違反による債務不履行責任（労働契約法第5条、民法第415条、労働契約に基づく契約不履行）
②不法行為に基づく損害賠償責任（民法第709条、契約関係にないものでも負う一般法の責任第715条、使用者責任）

判例法理（法律ではないが裁判の判決の積み重ねによって社会的に合意された基準）
「使用者は快適な職場環境の実現と労働条件の改善を通じて職場における労働者の安全と健康を確保するようにしなければならない」

解雇規制の緩和で追い出し部屋がなくなるって本当!?

企業が解雇するための条件は非常に厳しい（8「不当解雇」参照）。

そのため追い出し部屋と呼ばれる部署があるのが現状である。

そこで安倍首相が議長を務める「産業競争力会議」において、パワハラの温床ともいうべき追い出し部屋をなくすことも目的のひとつとして、解雇の規制緩和が議題に挙がっている。

パワハラをなくすために解雇が蔓延すれば本末転倒とも考えられるが……。

12

従業員監視

アプリや防犯機器でプライベートまで監視する

ただいまもどりましたー
きみお客さんのところに行ったあとファミレスに1時間もいたよね
何してたのまさかサボってたの?
えっ
なんでしってるんだ!?

監視による過度のストレスは、取り返しのつかない事故につながる恐れも……

LEVEL.
5

追いつめられ度

従業員たちが「いつ」「どこで」「何をしているか」――。経営者の猜疑心が強く、労使間の信頼関係が欠落している企業では、職場内にカメラや盗聴器を設置し、従業員の監視に乗り出すことが少なくありません。

近年の情報通信技術の発達は、職場内外での社員監視を格段に容易にしています。その気になりさえすれば、従業員の私生活を監視することもできてしまいます。

労働組合の活動を監視し、状況によっては妨害する

企業が従業員を監視したがる動機はさまざまですが、ひとつには労働組合の活動に対する警戒、あるいは共産主義など特定のイデオロギーに対する過剰な恐怖があります。

東海旅客鉄道株式会社（JR東海）では1993年、「防犯」を建前として東海道新幹線の運転士の職場（運転所）に複数の監視カメラを設置しました。当時そのカメラのひとつは労働組合（JR東海労）の掲示板に向けられており、組合が掲示板にビラを貼り出すと、貼った途端に剥がされるようなことが頻発したと言います。JR東海労が大阪府地方労働委員会に「カメラの設置は組合活動に対する妨害で、重大な人権侵害」と申し立てたところ、労働委は、2003年になってようやく不当労働行為と認定しました。その結果、組合掲示板は別の場所に移されました。しかし、JR東海側は現在も、「カメラの設置場所を明示するか否か、誰をモニターするかの決定は企業の権利」と主張しており、カメラによる監視そのものは現在も続けられています。

また関西電力では、共産党の党員もしくはシンパ（特定の人物、団体の政治思想を崇拝する個人、または団体）と疑われる特定の従業員を対象に、かかってきた電話を調査したり、ロッカー内の私物を秘密裏に写真撮影していた事実があります。この事件は関西電力の内部資料が流出したことで発覚し、訴訟に発

展しました。1995年9月の最高裁判決で原告（労働者）が勝訴し、企業には原告一人あたり80万円の慰謝料と10万円の弁護士費用の負担を命じられています。

安価で導入できるGPSアプリの登場で従業員監視がより簡単に

こうした監視の目は、労働組合や共産党のシンパだけに向けられるとは限りません。

流通業最大手の株式会社セブン－イレブン・ジャパンでは、契約するすべての配送業者と車両に、GPSと通信可能な「車載端末」の搭載を義務づけています。端末は、車両の走行ルートや時速、走行中のエンジン回転数や急ブレーキの回数、ある店舗から次の店舗までの移動に要した時間など、配送中のあらゆるデータを記録し、配送センターに送信します。

配送は100点満点で採点され、「急ブレーキ1回につきマイナス1点」など、イレギュラーがあるたびに減点されます。配送終了後は「98点」「90点」などと評価が下されるほか、個別のイレギュラーについても、「なぜ、この店でこんなに時間がかかったのか」などと問いただされます。積雪の多い地域を担当する配送業者は、「冬場は路面が凍結するので春や夏と同じスピードでは走れない。それなのに（セブン－イレブン本部が）季節要因を一切考慮してくれないので、GPSで監視されるのはかなりのストレスになる」と語っています。

IT企業のレッドフォックスは、スマートフォン用アプリ「GPS　PUNCH!」を開発しています。「GPS　PUNCH!」とはスマートフォンの位置情報を利用し、現場から出退勤などの報告を行うアプリです。端末1台あたり月500円程度で利用できるため、タクシーや保守点検会社などを中心に約1000社で導入されています。

またNTT東日本では、やはりGPSの技術をスマートフォンに応用した、「イマドコサーチ」というサービスを提供しています。電話番号を入力するだけで、その番号の主（スマートフォンの所持者）が今どこにいるか、即座に地図上に表示されるというサービスです。このようなGPSアプリやサービスが導入された企業では、営業マンが外回りの途中に喫茶店で休憩をしたりすれば、すぐに上司に知られてしまいます。

2013年4月9日付の読売新聞は、GPSアプリを導入したセルフ式ガソリンスタンドの企業において、役員が従業員に対し、次のように語りかける姿を記事にしています。

「お前、昨日の1時頃コンビニにいただろ」「その後、ファミレスに入ったよな。何食べたんだ」――。

社内に監視カメラを設置し、クビ切りに利用

盗聴・盗撮器の発見と除去を行う一方、防犯用隠しカメラの設置も行うガードテクニカの川口龍彦社長によると、隠しカメラの設置依頼は、従来変質者に悩まされる一般家庭からのものが大半だったのが、近年、企業からの依頼が増えていると言います。「従業員の不正を摘発したい」というのが表向きの理由ですが、川口社長は、

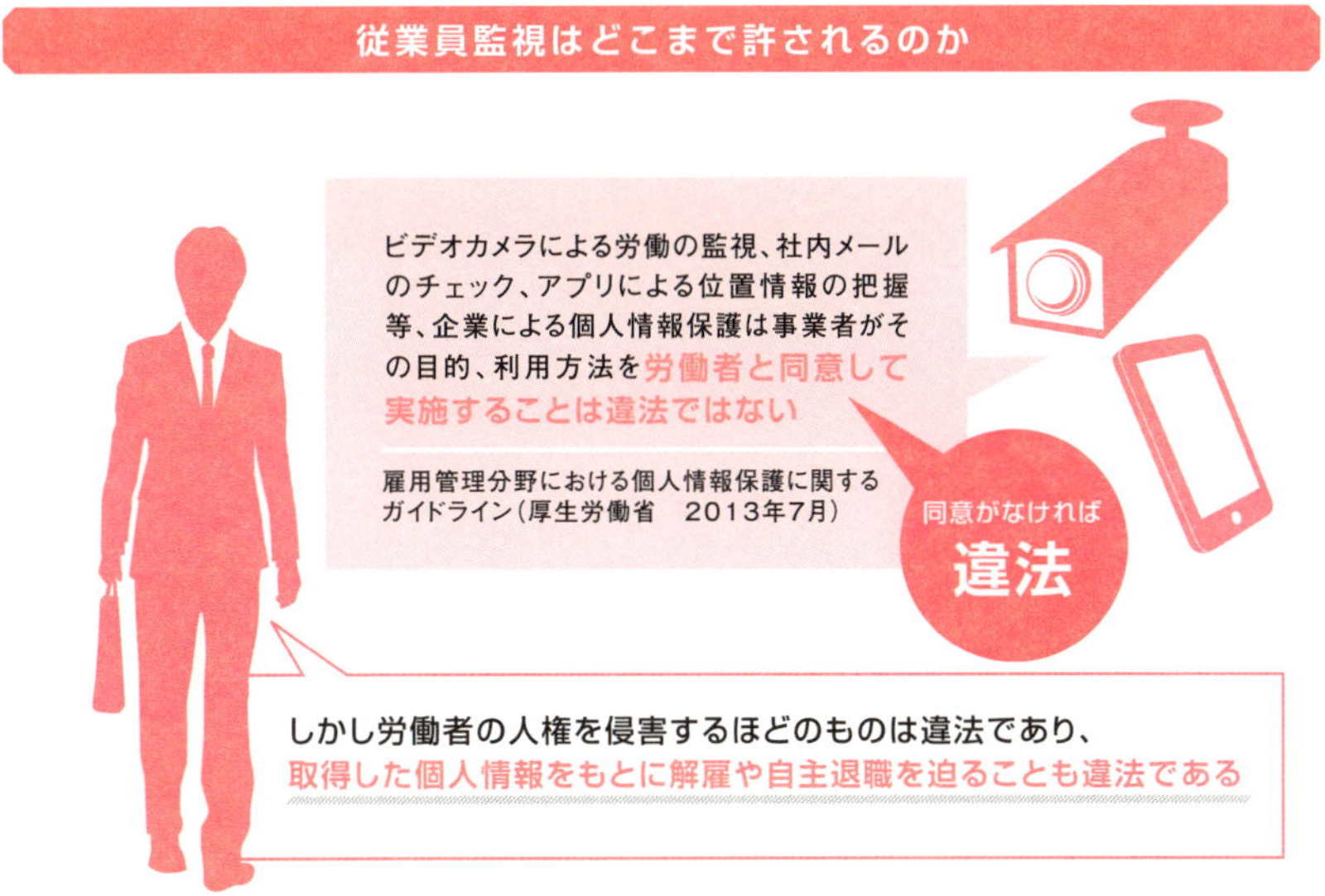
従業員監視はどこまで許されるのか
ビデオカメラによる労働の監視、社内メールのチェック、アプリによる位置情報の把握等、企業による個人情報保護は事業者がその目的、利用方法を労働者と同意して実施することは違法ではない
雇用管理分野における個人情報保護に関するガイドライン（厚生労働省　2013年7月）
同意がなければ
違法
しかし労働者の人権を侵害するほどのものは違法であり、
取得した個人情報をもとに解雇や自主退職を迫ることも違法である

目的はそれだけではないと推察しています。会社の電話を私用に使ったり、備品の消しゴムを持ち帰るなど、普段ならばとくに問題にしないような行為を録画することで、クビ切りに利用している形跡がある、というのです。川口社長によると、同様の依頼は探偵や興信所でも増えていると言い、その調査範囲は、職場に限らず従業員の自宅や実家にまで及びます。そうして従業員の弱みをつかみ、退職を迫っているものと考えられます。

原則、カメラ等の設置には、従業員への通知が必要

企業による従業員の監視はどこまでが許されるのでしょうか。現在の日本には、労働者のプライバシー保護に関する包括的な法律はまだ存在しません。しかし、旧労働省（現厚生労働省）は、２０００年12月に「労働者の個人情報保護に関する行動指針」を発表し、「使用者は、職場において、労働者に関しビデオカメラ、コンピュータ等によりモニタリングを行う場合には、労働者に対し、実施理由、実施時間帯、収集される情報内容等を事前に通知するとともに、個人情報の保護に関する権利を侵害しないよう配慮するものとする」と規定しています（ただし、「法令に定めがある場合、犯罪その他の重要な不正行為があるとするに足りる相当の理由があると認められる場合にはこの限りでない」としている）。

また、建設会社元従業員が、会社貸与の携帯電話で居場所を把握され、精神的苦痛を受けたとして企業に損害賠償請求を求めた裁判では、２０１２年に東京地裁が「勤務時間内なら適法」だが、深夜や休日などは「許されない」との判断を下しています。

13

労組敵視

労働組合を潰し従業員を言いなりにさせる

あるタクシー会社のものがたり
組合つぶし編
社長！いい方法ありますよ
む〜ん
ほかのタクシー会社を買収
きみたち解雇ね
え゛ーえ゛っ
そんな
そしてすぐに別会社を設立
でもねー
労働組合やめれば採用してあげるかわりに会社の社員会に加入してね
そそれは…
いいかいきみたち組合結成なんてしたらどんな手を使ってでもつぶすからね
ニコニコ

LEVEL. 4

追いつめられ度

労働組合を敵視する企業は、
従業員を敵と思っているのと同じ

労働組合の存在と活動は、憲法第28条と労働組合法によって保障されており、その活動次第では従業員の待遇のみならず、企業のコンプライアンスも強化できます。

健全な企業を目指すのであれば、労働組合（労組）は本来不可欠なものですが、それゆえに悪質な経営者たちにとって労働組合は邪魔な存在です。ときにあからさまな、ときに隠微な手法を駆使して、労組潰しに邁進してきました。

労働者が団結する権利は憲法で保障されている

日本国憲法はその第28条で、「勤労者の団結する権利及び団体交渉その他の団体行動をする権利は、これを保障する」と定めています。労使関係において立場の弱い労働者が労働組合を結成する権利（団結権）、その組合を通じて企業と交渉し、有利な労働条件を要求する権利（団体交渉権）、交渉で要求が受け入れられない場合、ストライキなどの手段に訴える権利（団体行動権）は、いずれも憲法によって保障されているものです。

しかし、憲法で保障されている労働組合の存在を敵視して組合活動を妨害し、あわよくば潰してしまおうと考える経営者は少なくありません。従業員を採用するにあたって、労働組合に入らない（つくらない）などと約束させる「黄犬（おうけん）契約」は労働組合法第7条で明確に禁止されていますが、それすらも行っている企業が存在するのです。

第一交通産業の黄犬契約

福岡県北九州市に本拠地を置く第一交通産業グループは、現在の日本のタクシー業界最大手の企業グループです。2013年3月現在、同グループは133社で構成されており、グループ全体の従業員数は約1万５０００人、バスとタクシーの合計営業台数は７７０６台（いずれも同社ホームページより）に達しています。

同社の黒土始会長が有限会社第一交通を創業した１９６５年当時、同社のタクシーはわずか5台でした。それが現在のような巨大な企業グループに成長していく過程には、同社が１９８０年以降積極的に展開した、日本各地のタクシー会社の買収（M&A）と、買収した企業の徹底した組合潰しがありました。

当時、黒土会長が好んで使った手法は次のようなものです。あるタクシー会社を買収すると、その会社を解散して全従業員を一旦解雇します。その後すぐに別会社を設立しますが、元従業員を採用するにあたっては、労働組合からの離脱と第一交通産業側がつくった社員会「交友会」に加入することを約束させ、誓約書を書かせます。それでも従業員に組合結成の動きがあると、便所掃除や草むしりなどの雑用を命じ、タクシーへの乗車を禁止するのです（給料に占める歩合の比率が高く完全歩合制すら珍しくないタクシー運転手の場合、タクシーに乗車できないドライバーはほとんど無給になってしまいます）。ときには反社会的勢力とのパイプを活用して、暴力的な恫喝さえ行ったと言われています。

こうした行為は労働組合法に明白に違反するものであり、当然ながら買収先の従業員からは各地の労働委員会への申し立てや、裁判に訴える者が続出しました。その結果、第一交通産業グループは、裁判や地労委などでの約80件の争いに連戦連敗。その過程では最高裁でも敗訴していますが、それにもかかわらず、解決に向けた話し合い（団体交渉）にさえ応じないありさまでした。

「御用組合」を利用した労働組合潰し

第一交通産業グループのようなあからさまな労組潰しは、中小・零細企業ならばともかく、世間体を気にする大企業ではそれほどあることではありません。しかし、企業と事実上一体の存在である「第二組合」

（実際は使用者側が実権を握っている労働組合。「御用組合」とも呼ばれている）との協力関係を通じ、あるいは企業主導で第二組合を結成し、企業にとって敵対的な組合を分裂・弱体化させる手法は、過去にいくつかの大企業で行われてきました。

世界最大の食品企業ネスレの日本法人、ネスレ日本株式会社で起きたケースは、その典型例です。同社では1965年にネッスル日本労働組合が結成され、1970年代から1980年代初頭にかけて、賃上げ交渉や労災の改善に取り組み、数々の具体的成果を挙げていました。

しかしネスレ日本は、いざというときにはストライキ決行も辞さなかった同組合をはげしく敵視し

労働者の心強い味方、労働組合

こんな働き方を
していたら
体がもたない……
労働条件の改変を求めます！
（日本国憲法第28条
労働基本権、団体交渉権）
形式上交渉に応じるだけで
誠実に臨まないのであれば
不当労働行為とみなされ
違法である
（誠実交渉義務）
違法
そんな話を
されても困るな
労働組合の結成、加盟
（日本国憲法第28条
労働基本権、団結権）
交渉
労働者個人
労働組合
経営者（使用者）
直接の交渉を拒否されても、
ただちに違法とは限らない

ます。そこで1983年、ネスレ日本は、企業側主導で第二組合の「ネスレ日本労働組合」を結成し、以後、企業と第二組合は二人三脚でネッスル日本労組潰しに血道を上げはじめました。

たとえば、第二組合の結成後、ネスレ日本が従業員の給与から組合費を強制的に天引き（チェックオフ）し、その全額を第二組合に交付していたことです。ネッスル日本労組側は組合費の天引き中止を申し入れましたが企業側はこれを拒否し、1995年に最高裁が不当労働行為（組合に対する支配的介入）と認定するまで続けました。

第二組合の側も、企業が表立ってはできない攻撃を率先して引き受けてきました。同組合機関紙の2008年1月号には、彼らの考え方をよく表す次のような文章が掲載されています。

「今年も私たちの生活と組織を守るため、反動者を決して許さない風土を築き上げる活動を行っていきます。これまでの地道な活動の成果として、島田支部では、反動者がゼロになりました。また、霞ヶ浦支部でも、反動者を許さない風土づくりが浸透し、積極的な活動をしています」

一方、ネッスル日本労組の斉藤本部委員長は次のように語っています。

「ネスレでは組合分裂後の25年間でさまざまな問題が噴出しましたが、そのうち労働委員会や裁判所に不当労働行為と認定された事例だけでも、90件近くに上ります。これらに関して、第二組合が異議を唱えたことなどまったくない。むしろ交代勤務手当のカットや休み時間の短縮といった労働条件改悪を、彼らが率先して実現する始末です」

現在、ネスレ日本では、第二組合の組合員数が1300人と圧倒的多数派になったのに対し、ネッスル日本労働組合の組合員数は50人まで激減しています。残念ながら、ネスレ日本と第二組合による組合潰しは、この数を見る限り絶大なる効果を挙げているると言えるでしょう。

14
反社会的行為の
強要

企業の利益や嫌がらせのために違法行為を強要する

どーーんと
今日中に ふとん10枚 売ってこい!!
どーんと どーんと
客が「うん」といわなきゃ ふとんを置いてこい!!
そんなことしたら 犯罪じゃないですか
羽 高級 毛

法や社会正義より、企業の利益が優先される、ブラック企業中のブラック企業

LEVEL. MAX
使い捨て度

コンプライアンス軽視が常態化しているブラック企業においては、経営者のみならず従業員の側も、心ならずも違法行為（あるいは非倫理的な行為）に加担してしまうことがあります。このような企業に勤めたら、最悪の場合は前科がつき、文字通り一生を台なしにしかねません。

「車で人をひいてしまうかもしれない」と不安になり退職

関東地方で配管工事を主に行う、小さな建設会社（以下、X社）は、建設業界の多重下請け構造の最下層に位置し、常にギリギリの単価で工事を請け負っていました。そのため、監理担当社員の長時間サービス残業が慢性化し、従業員を採用しても1年ももたずに辞めていくケースが大半でした。

この会社に2013年2月まで勤めていたAさん（20代男性）の社歴は2年と少しでした。しかし、同社にあっては貴重な「ベテラン」であり、それゆえにのしかかる負担も甚大でした。

繁忙期には、夜中の2時、3時までの残業が2週間以上も続きました。翌朝9時には業務がはじまるため、日曜日以外は会社に泊まり込みで作業をしなければなりませんでした。しかし、X社の事務所には仮眠室などなかったため、Aさんは仕方なく事務所のパイプ椅子を並べ、ベッド代わりにしていました。当然疲労が取れるはずもなく、起床するたびに吐き気をもよおしていたと言います。

このような状態であったにもかかわらず、Aさんは自ら車を運転して工事現場に向かわなければなりませんでした。疲労の抜け切らないままにハンドルを握っていたAさんは、運転中の居眠りで、二度も自損事故を起こしてしまいます。

二度目の自損事故を起こしたときに、ようやく退職を決意しますが、退職を決意できたのは、サービス残業を強制されたことでも、車の修理代を給料から天引きされたのが納得できなかったからでもありませんでした。

「次にもう一度事故を起こしたら、今度こそ他人を事故に巻き込み、最悪の場合は殺してしまうかもしれない」と恐ろしくなったのです。

嫌がらせで、海外不法就労を強制

100円ショップチェーン最大手の株式会社大創産業（以下、ダイソー）は、タイの現地法人「ダイソー・サイアム・インターナショナル（DSI）」で、世界最大級のプラスチック工場を操業しています。

50代男性Bさんは、新卒で入ったメガバンクの行員時代にバンコクに留学し、その後勤めた大手寝具メーカーではタイ支社長も勤めたタイのスペシャリストです。2011年春ごろに転職サイトの非公開求人を見てダイソーに応募し、DSIの管理責任者になる前提で同年4月に入社しました。

ところが、Bさんはタイに赴任してまもなく、DSIの実質的なトップである顧問と、その右腕である取締役から目の敵にされ、執拗なパワハラを受けます。DSIの内部管理責任者として採用されたはずが、実際に与えられた仕事は、機械のコンディション調査など工場内労働のほか、原料番や日報の取りまとめなどの単純作業ばかりでした。しかも「朝7時45分から夜8時まで」という、法定労働時間を大幅に超えた社内定時を適用され、休日出勤、夜間勤務も強制されました。

パワハラの最たるものは、観光ビザのまま就労させられたことです。タイでは外国人の就労に厳格なルールが適用されます。同国での長年の勤務実績があるBさんならば、必要な書類さえ揃えばすぐにでも就労ビザ・労働許可証が発行されるはずでした。しかし、顧問はBさんを精神的に追い込むためか、Bさんに住民票を日本に残しておくよう強要。事実上の社宅としてタイのホテルに住まわせていたにもかかわらず、あえて就労ビザを申請しなかったのです。Bさんが「私一人の問題ではなく、会社全体の不祥事になる」と顧問に警告すると、「バレなければいいんだ。バレるとすれば、あんたがチクったときだけだ」と開き直ったと言います。

Bさんはやむなく、観光ビザで許された「30日以内」の滞在日数を超えないようにするため、1カ月ごとに9時間をかけて日本に一時帰国し、すぐタイにとんぼ返りする生活を繰り返しました。しかし、4度目の入国時、入国管理局から「毎月25日以上も観光滞在ですか。タイが好きですね。以前は勤務していましたね？」と疑われたほか、タイ人総務担当者からは「就労ビザはどうしました？　いい加減に取らないと捕まりますよ」と警告されてしまいます。Bさんは逮捕の恐怖と、一生をかけて築いたキャリアを台なしにしかねない不安におののかされたと言います。

これほどのパワハラを受けた理由について、Bさんは「広島県東広島市にあるダイソー本社で研修を受けた際に、100％子会社であるDSIの財務諸表が皆無であることや、出金伝票に不自然な点が多々あることに驚きました。そこでDSI赴任時のあいさつで、全日本人従業

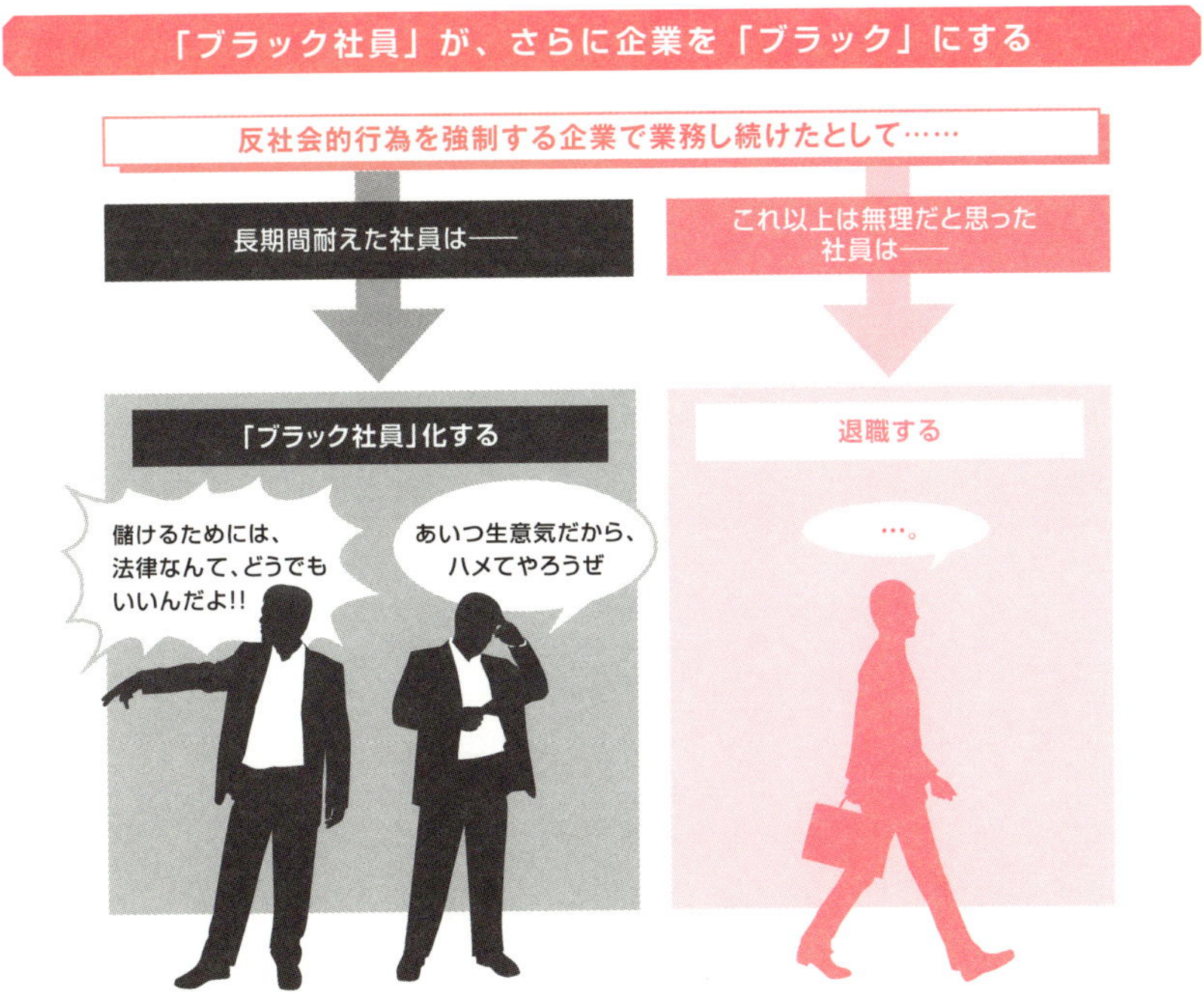
「ブラック社員」が、さらに企業を「ブラック」にする
反社会的行為を強制する企業で業務し続けたとして……
長期間耐えた社員は——
これ以上は無理だと思った社員は——
「ブラック社員」化する
退職する
儲けるためには、法律なんて、どうでもいいんだよ!!
あいつ生意気だから、ハメてやろうぜ
…。

員を前に、『本社経理と連携し、DSI関連のコンプライアンスを立て直したい』と宣言したんですが、これが不用意な宣戦布告になってしまった」と振り返ります。

コンプライアンスへの意識も人一倍高いBさんは、ダイソーにとっては邪魔な存在でしかなかったのでしょう。Bさんは変形性頚椎症（過労による転倒で発症）と適応障害を患い、2012年3月から無給休職の扱いで自宅療養中です。

反社会的行為の強制は、強要罪に問われる可能性がある

こうした企業の行為を法的側面で見た場合、そもそも違法行為や反社会的行為を容認し、従業員にそれらの行為を強制している時点で、もはや労働問題として扱うのもはばかられるレベルだと言えます。

刑法第223条には「強要罪」の規定があり、「生命、身体、自由、名誉若しくは財産に対し害を加える旨を告知して脅迫し、又は暴行を用いて、人に義務のないことを行わせ、又は権利の行使を妨害した者は、3年以下の懲役に処する」と定められています。

ダイソーのように、企業が従業員に違法行為を強制した場合も、この強要罪に問われる可能性が十分にあります。

担当する業務が反社会的行為にあたるか否かは自らの倫理観と照らし合わせて判断することができます。しかし、違法行為については、知識がないためにそれに巻き込まれるという可能性が否定できません。先のダイソーの事例においても、海外赴任はおろか渡航経験もまったくないような人であれば、企業の詭弁に「そんなものか」と納得してしまいかねません。少しでもおかしいと感じたら、社外の知人に確認してみることが必要です。

15
異常社則

就業規則を用いて従業員の公私を不当にしばる

イスなんぞいらん!!
そーですよ立ってたほうが集中できます
VS.
労働安全衛生法事務所衛生基準規則第22条
「労働者の椅子を備える義務」
があるんですけど……

斬新なアイデア……だと思いきや、
実は違法だったりすることも……

LEVEL.
4
追いつめられ度

企業が労働者を使用する際には、労働時間、休日、賃金、退職金、解雇、定年などについてのルールを就業規則として明文化し、従業員が閲覧したいときにはいつでも閲覧できるようにしておくことが、労働基準法によって義務づけられています。就業規則の内容は労働基準法の規定に則ったものでなくてはならず、労基法に違反した就業規則はつくったとしても無効です。

フォーマルなルールである就業規則に対して、「社則」や「社内ルール」などと呼ばれるのは、企業が独自につくるインフォーマルなルールです。企業が社則や社内ルールをつくること自体に違法性はありませんが、問題はその中身です。

憲法まで否定する〝変な〟社則

メディアが「ユニークな社則」を紹介しようとする際、決まって挙げられるのが重機レンタル大手、株式会社レンタルのニッケンの「ビジネスネーム制度」です。

就業規則で定められていても、違法なら無効

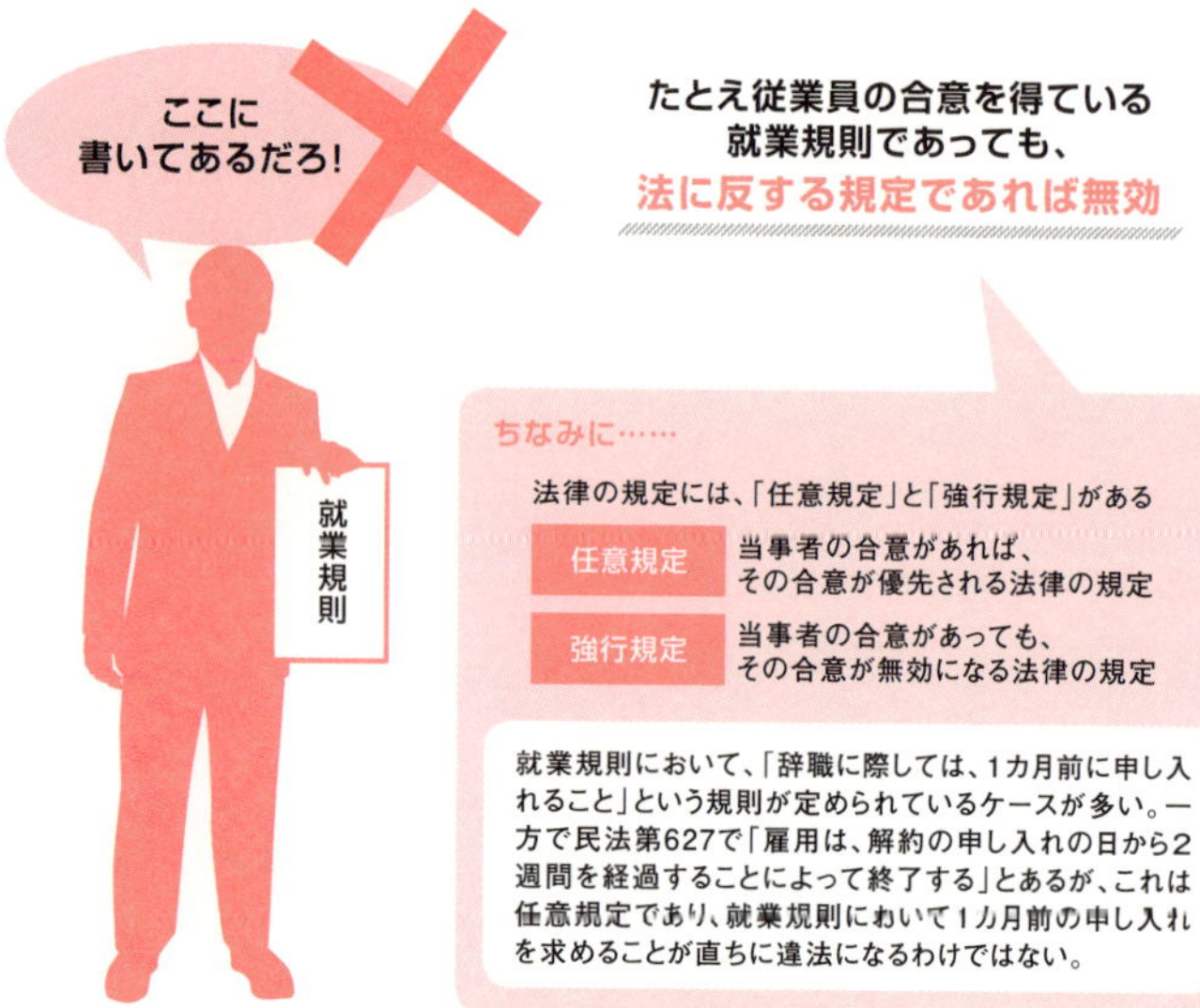
ここに
書いてあるだろ!
就業規則
たとえ従業員の合意を得ている
就業規則であっても、
法に反する規定であれば無効

ちなみに……

法律の規定には、「任意規定」と「強行規定」がある

任意規定	当事者の合意があれば、その合意が優先される法律の規定
強行規定	当事者の合意があっても、その合意が無効になる法律の規定

就業規則において、「辞職に際しては、1カ月前に申し入れること」という規則が定められているケースが多い。一方で民法第627で「雇用は、解約の申し入れの日から2週間を経過することによって終了する」とあるが、これは任意規定であり、就業規則において1カ月前の申し入れを求めることが直ちに違法になるわけではない。

これは同社における全従業員が本名ではなく、「白熊太郎」「望叶太郎」などの別名（ビジネスネーム）を名乗り、名刺にも記載しなくてはならないというルールです。同社の説明によれば、この制度を導入した狙いは、従業員に公私の区別を明確にさせるとともに、企業という「劇場」で仕事という「芝居」を演じきる「役者」になってほしい、との願いからであると言います。

「ビジネスネーム制度」を素直にユニークと持ち上げてよいかどうかは評価の分かれるところではありますが、従業員自身に選択の自由が保障されているのであれば、さほど悪い制度ではないのかもしれません。しかし、社則のなかには、明らかに行き過ぎたものが存在します。

一例は、高い収益を誇る自動制御機器メーカーの社則です。

同社は生涯給料が国内企業上位にランキングされるなど、従業員の給料が高いことでも有名な企業です。しかしその一方で、従業員管理・監視がすさまじく厳格なことでも知られており、「社員２人以上で外食するときは、企業に申請し、事前に許可を得ること」「新人営業マンは全員が一人暮らしをしなければならない」などといった社内ルールがあります。

２０１１年に刊行された『ヘンな社則』（ベストセラーズ）は、こうした日本全国にある、奇妙・奇抜な社則を集めて紹介しています。企業の実名が記載されているのはダスキンの「朝礼では般若心経を唱える」などわずかですが、「営業に出る時コートは着てはいけない」（S不動産）、「休憩室でおしゃべりをしてはいけない」（A銀行）「交際中の男女は、社内で3メートル以内に近付いてはならない」（K百貨店）など、学校の校則と見紛うようなものがいくつも掲載されています。

そのほか、「恋人は市内近郊でみつけること」（Tホテル）「女性は23歳まで結婚禁止。結婚相手は社長に面会させ、許可を得ること」（T保険）「妊娠する際は上司の許可を得ること」（M信用金庫）、「一般社員は就業規則を閲覧してはいけない」（情報サービスE）など、労基法や、果ては憲法の定める結婚の自由すら露骨に否定しているものまであります。

斬新なアイデアの〝つもり〟が実は違法のケースも

キヤノン電子株式会社は、電気機器メーカー大手キヤノンの子会社で、カメラ、VTR用精密コンポーネントの製造を行っています。同社社長の酒巻久氏は、自身の著書で、作業効率を高めるためにオフィス、会議室から椅子を撤去したと宣言しています（『椅子とパソコンをなくせば会社は伸びる！』祥伝社）。

「会議室から椅子を撤去したことで会議への集中力が高まり、年間の会議時間が半減した」「オフィスでも、立つことで従業員同士のコミュニケーションが密になり、問題解決の精度やスピードが劇的に改善した」などとし、「椅子をなくすことのメリットは計り知れない」と述べています。

また、日経ビジネスオンラインなどの記事によると、同社の廊下には床が青く塗られ、「5メートル3・6秒」と書かれている区間があります。この区間の両端には速度センサーとブザーがしかけてあり、従業員がこの区間を歩く際に3・6秒以上かかると、警報音が鳴り出し、青い警告灯が点滅するしかけになっていると言います。

日経ビジネスオンラインの記事は、これらを終始「効率化を実現するユニークなアイデア」という形で紹介しています。しかし、労働安全衛生法の事務所衛生基準規則第22条に「事業者は、持続的立業に従事する労働者が就業中しばしば座ることのできる機会のあるときは、当該労働者が利用することのできる椅子を備えなければならない」との規定があることは、完全に見落とされています。

No.03

{Column}

学生の不安につけ込む「就活ビジネス」

就職活動が厳しさを増すなかで、就職活動をビジネスチャンスととらえる企業が出てきています。これらの企業は、学生の不安につけこむことで、利益を上げるしくみを整えていますが、そのしくみは、学生の不安に真に応えるものとなっていないケースが多く見られます。

ひとつ目は、就職活動での内定獲得を指南する、いわゆる「就活塾」です。日本経済新聞の報道によると、大阪のある就活塾は学生の就職が決まると、成功報酬として学生から84万円の受講料を請求しています。また、受講料を払う金銭的余裕のない学生に対してはアルバイトをあっせんして給与の一部を徴収したり、内容に納得がいかずに退塾したい旨を伝えると怒鳴られたりするケースもあるようです。

就職情報サイトの企業情報を鵜呑みにしない

もうひとつは、民間の就職情報サイトです。学生の利用規模としては、就活塾と比べ、こちらが圧倒的に大きいでしょう。これらの就職情報サイトの最大の問題は、客観的な情報が存在しないということです。過労死を出した企業、助成金を不正受給していた企業として報道されたとしても、変わらずサイトに掲載されています。こうした情報サイトは求人を掲載する企業から掲載料を取って収益を上げているため、企業側にとって不利な内容は掲載されません。企業の求人広告が並んだカタログのようなものだと思って、エントリーの際に利用する程度にとどめるのが賢明と言えます。客観的な内容はあくまでほかの情報に頼るべきです。

これらの企業が開催する大企業の合同説明会についても、同様のことが言えます。合同説明会を主催する企業にとっては、集まった学生の数が実績と利益に直結するため、とにかく学生を集めることだけが目的となっているからです。学生にとっては無駄足になるケースが少なくありません。

16
損失押しつけ

多額の損害賠償を要求する

契約
ありがとーございます!!
ーうむ よろしく たのむよ
けーやく書
予算オーバー
ドッカーン
2000万円も予算オーバーじゃないか!! 金は払わんぞ 契約も破棄だ!!
すみません〜 なんとかします
ペコ
ペコ
示談
なんとかこれでご勘弁を
仕方がない
押し付け
われわれも払うから
きみが360万円を負担しなければわれわれ全員クビだぞ
なんで私だけ360万円
200万ずつだけど
同席してなかったのに…
どうしよう……

従業員の真面目さに付け込み、
企業の損失を個人に押し付ける。

LEVEL. 5
ワーキングプア度

サービス残業などで従業員の賃金を低く抑えるだけでも立派な犯罪行為ですが、筋金入りのブラック企業の場合、企業が従業員に大金を請求してくることがあります。ここでは業務上のトラブルで発生した損失の責任を企業が従業員個人に押しつけ、賠償を要求した例を挙げます。

紛失した売上金を弁償させる

２００５年当時、牛丼チェーン店大手の「すき家」（株式会社ゼンショー）では、「1時間あたりの売上が５０００円に満たない場合は、２人目の従業員を使用してはならない」という指示が出されており、２人以上の従業員が出勤した日の売り上げが目標額に満たなかった場合は、スタッフが実際に働いていても、その労働時間を過少申告して調整しなければなりませんでした。すき家仙台泉店のスイングマネージャー（アルバイト店長）だったAさんは、他のスタッフの労働時間を削るのが忍びなく、売り上げが目標額に届かないときは、自分の実労働時間を少なく計上することで売上額と人件費のつじつまを合わせていました。Aさんの無償労働は、多い月で２００時間ほどにも達したそうです。

そんなAさんは、２００５年9月、店の売上金約56万円を銀行に入金しに行った際に紛失してしまいます。直後に本社の社員に問い合わせたところ、「会社の保険でまかなえるのではないか」との回答でしたが、直属の上司であるDM（ディストリクトマネージャー）は全責任をAさんに押しつけ、なくなった56万円全額の借用書を書かせました。そして、Aさんの賃金から毎月天引する形で弁償するよう命じたのです。

さらにこのDMは、Aさんが「店の一般従業員を労働させておきながら、自分の分しか給料を計上していない」などと濡れ衣を着せ、スイングマネージャー（時給９６０円）からクルー（同８００円）への降格を命令しました。これによりAさんは時給を１６０円も減額された上、さらにそこから弁償分を天引きされたのです。

「360万円弁償しろ」で自殺

アパート・マンション運営大手で、東京証券取引所1部に上場する大東建託では、従業員が企業からトラブルの責任を押しつけられた末に自殺するという事件が起きています。

亡くなったのは2002年11月に同社に入社し、藤枝支店で営業を担当していたFさん（当時42歳）です。Fさんは2005年3月に静岡県焼津市内でマンションの建築工事を行う請負契約を施主と結びましたが、のちに基礎工事などの費用が予定よりも3000万円ほど超過してしまうことがわかりました。施主からクレームを受けた大東建託は、担当者3人で合計760万円を支払うとの覚書を施主と交わし、課長らFさんの上司2人が200万円ずつ、残り約360万円をFさんが負担することになりました。一番地位の低いFさんがもっとも高い金額を負担するとされたこの話し合いは、Fさん不在のままで行われたと言います。

「お前が支払わないと関係者が全員解雇される」。毎日のように上司からこう迫られたFさんでしたが、結局お金を工面することができませんでした。そして、支払期限前日の2007年10月4日、「無責任ですいませんでした」と書かれた施主宛のメモとともに、焼津市内の海岸堤防で遺体となって発見されました。

遺族はFさんの自殺が、「一従業員が負うべきでない個人負担を強要され、精神的に追いつめられた結果」であるとして2009年4月島田労働基準監督署に労災を申請（2010年6月に認定）し、さらに大東建託に対して、慰謝料など計4000万円の損害賠償を求める裁判を静岡地裁に起こしています。

普通に働いていれば賠償請求されることはない

民法の規定では、労働者が仕事上のミスなどによって使用者に損害を与えた場合、使用者に対する損害賠償責任を負うことはあり得ます。

ただしこれは、「よほどの場合」に限られます。その「よほどの場合」とは、具体的には、ある労働者が同席さえすればまとまったはずの巨額の契約が、その労働者が身勝手な理由で欠席したために破談になってしまった場合——などです。つまり労働者が格別の怠りなく業務をこなしている限り、その過程でミスが生じて企業に損害を与えたとしても、労働者個人に賠償責任が生じることは実際にはほとんどありません。

また仮に賠償責任が生じた場合であっても、労働者には賠償額の全額を負担する義務はありません。労働者と使用者では経済的な格差が大きいほか、使用者が労働者を使用することで利益を得ている以上、使用者は、労働者を使用することによって生じるリスクも負担しなければならないと考えられているからです。こうした考え方は、1976年7月に最高裁が示した、「茨石事件」の判例によって確立されています（下図参照）。

茨石事件とは

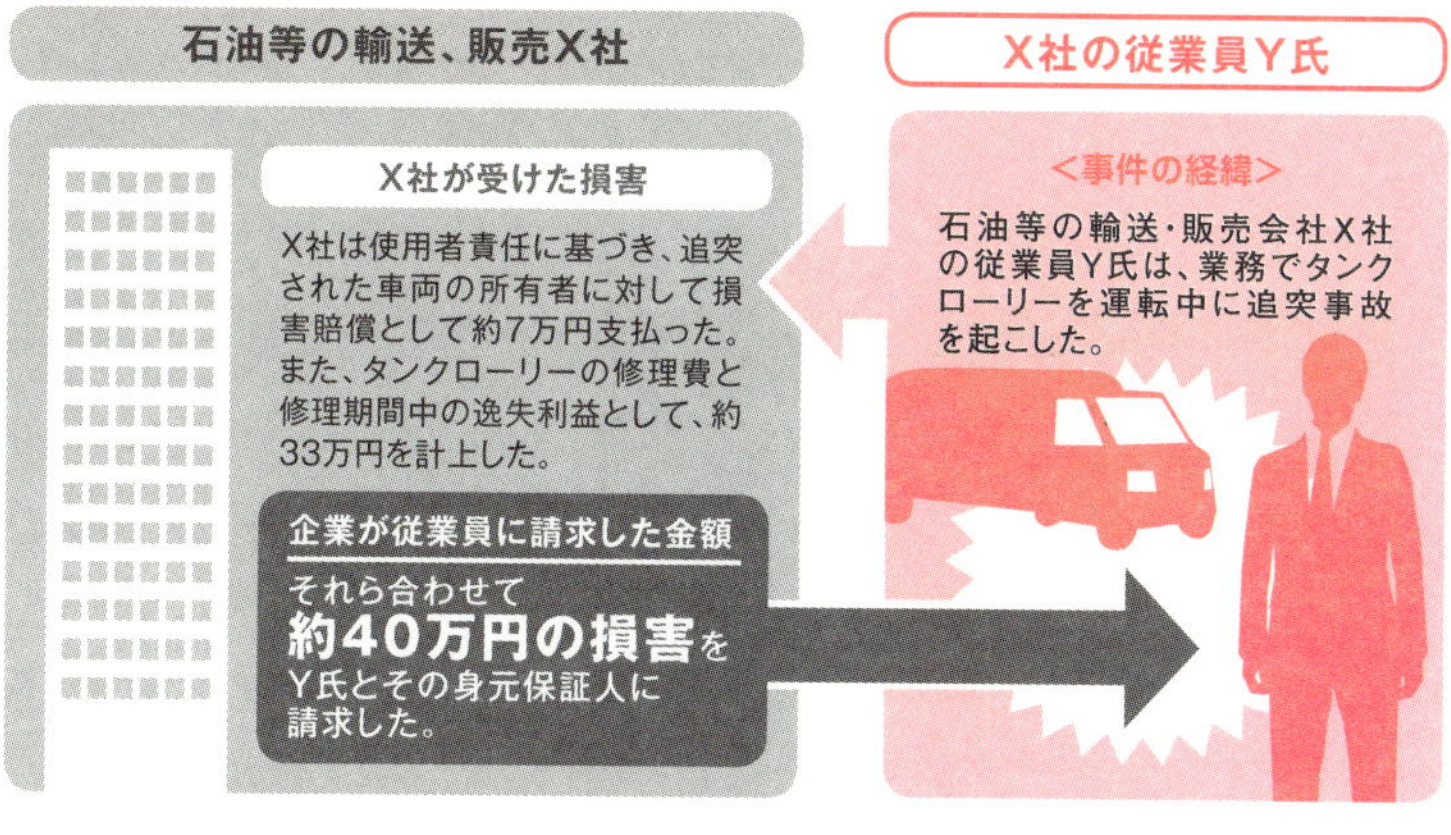
石油等の輸送、販売X社
X社の従業員Y氏
X社が受けた損害
X社は使用者責任に基づき、追突された車両の所有者に対して損害賠償として約7万円支払った。また、タンクローリーの修理費と修理期間中の逸失利益として、約33万円を計上した。
＜事件の経緯＞
石油等の輸送・販売会社X社の従業員Y氏は、業務でタンクローリーを運転中に追突事故を起こした。
企業が従業員に請求した金額
それら合わせて
約40万円の損害を
Y氏とその身元保証人に請求した。

判決　本件では信義則上相当と認められる限度を全額の4分の1とした。

最高裁（最判昭和51年7月8日）は使用者が事業内において労働者の過失により直接損害を被った場合、労働者に請求できる賠償の範囲は全額ではなく、企業の規模や労働条件等に照らし合わせ、損害の公平な分担という見地から信義則上相当と認められる限度において請求できるものとした。

17
罰金

罰金を請求する

蝶よ花よ艶やかな世界
きゃあ
カンパーイ
きゃあ
でも実際は……
すみません遅れました
はい罰金1万円ね
10000
バッタ～ン
ドリンクを頼んでもらえなければ罰金
30分に1回ごちそうしてもらわなきゃ
店内恋愛禁止反すると罰金
10000
罰金・天引きは当たり前な世界
えぐーっっ
お給料マイナスになってる!!

ことあるごとに“罰金” を要求され、働いているのに給料がマイナスになることも……。

LEVEL.
4
ワーキングプア度

レストランや居酒屋での仕事中に皿やコップを割ってしまったときや、体調が悪くて10分ばかり遅刻してしまったとき、「給料から差っ引くぞ」と上司から脅されたことがある人は多いのではないでしょうか。自分に落ち度があると感じて、皿代を天引きされることを受け入れてしまう人もいるでしょう。しかし、それらは実は違法性の高い行為です。

10分遅刻すると1万円の罰金が科せられるキャバクラ

罰金〝制度〟が常態化している代表的な業界が、キャバクラやスナックなどの〝水商売〟です。ことあるごとに罰金が科せられ、給与がマイナスの月、つまり、給与をもらえるどころか、お金を労働者から使用者に支払わなければならない月もあるほどです。

通常、給与は1分単位で計算されます。10分労働時間が短くなれば、10分間分だけ給料が少なくなります。時給を３０００円とすると、10分に相当する賃金は５００円ですから、つまり遅刻に対して、その分の賃金が支払われないことになります。しかし、キャバクラでは、10分遅刻すると１万円から２万円程度を差し引かれるケースが多く見られます。ほかにも、欠勤の場合１万円から２万円、無断欠勤だとその倍の額、さらに週末だとさらにその倍を天引きされるというケースもあります。

キャバクラでの罰金制度には、大きく分けて３つあり、①遅刻・欠勤、②風紀、③ノルマに対しての罰金があります。

風紀を乱すことに対する罰金は多くの店で採用されています。面接時に店側からの説明があり、契約書にも記載してあるほどです。では「風紀を乱す」というのはどういうことでしょうか。ひとつは店の従業員と恋愛すること。要するに「職場恋愛」です。ボーイと呼ばれる男性従業員と、キャストと呼ばれるキャバクラ嬢が恋愛をすることは禁止され、強行すると罰金を取られます。相場で50万円から１００万円程度と言われています。ある男性従業員から相談を受けた労働組合の話によると、この男性はキャストとの職場恋愛が発覚し、店から100万円を請求され、慌てて駆け込んできたと言います。男性はまさに命からがら逃げ出したという状況でした。それというのも、同じように職場恋愛が発覚して罰金を請求された別のボーイが、お金を工面できず、山中の木に縛りつけられたという前例があったためでした。

ノルマ罰金についてはさまざまな業界で設定されています。キャバクラの場合、たとえば、クリスマスや七夕など、年間に何度か開催される季節のイベントでパーティー券を発行し、販売数にノルマが課されるといった例が挙げられます。ノルマに達しなければ、その分は給料から天引きされます。高給取りのイメージがあるキャバクラ嬢ですが、現実には、月給は20万円を少し超えるくらいの人も多く、そうした人にとって、ノルマ未達による罰金は生活を脅かしかねません。

「労働者」と見なさない姿勢が罰金制度を横行させる

キャバクラ業界では、キャスト=女性従業員は労働者ではなく、「商品」であったり、「楽しい時間を過ごしているだけ」だと考えられています。これこそが最大の問題で、「労働」ではないからこそ、店の規則はあっても就業規則はなく、いきおい、罰金などという違法性の高い行為が横行してしまうのです。

労働組合による団体交渉でさえ「団体交渉」にはならず、労働組合は、キャバクラ経営者に社会通念や法律を理解してもらうのに苦労します。彼らにしてみれば、「うちの商売にいちゃもんつけられた」という考えなのです。キャバクラで働く女性たちで組織されるキャバクラユニオンでは、こういった違法な罰金などについて、経営者と団体交渉をしたり、交渉が難航する場合は、店の前での抗議行動をしたりするなどの活動をしています。

さまざまな業種での罰金制度

外食産業	商品のオーダー間違い 精算時の違算金
小売り	遅刻や当日欠勤
製造	不良品の出荷

罰金制度は違法行為

労働基準法第16条（賠償予定の禁止）では「使用者は賠償を予定する契約をしてはならない」とあり、さらに第91条（制裁規定の制約）では「就業規則で労働者に対して減給の制限を定める場合において、その減給は1回の額が平均賃金の1日分の半額を超え、総額が1賃金支払期における賃金の総額の10分の1を超えてはならない」としている。

労働基準法第９１条（制裁規定の制限）をもとに賠償の制限を考えてみると……

時給900円、月20日、1日8時間勤務のアルバイトの場合

1回の事案＝7,200円の半分、
3,600円以上の額を賠償させるのは
違法

→ 8,000円の皿を1回割った → 8,000円の賠償をさせる　**違法**

月の給与総額　14万4,000円
この10分の1である
1万4,400円を超えた額の賠償を
1カ月間でさせるのは
違法

→ 3,000円の皿を5日間連続で1枚づつ割った → 月に1万5000円の賠償をさせる　**違法**

上記は制裁規定の制限で明らかに違法であるケース。その金額内であれば、**どんな理由でも賠償させてよいわけでは決してない。**

18
ピンハネ

何層もの下請け企業が労働者の賃金を抜いていく

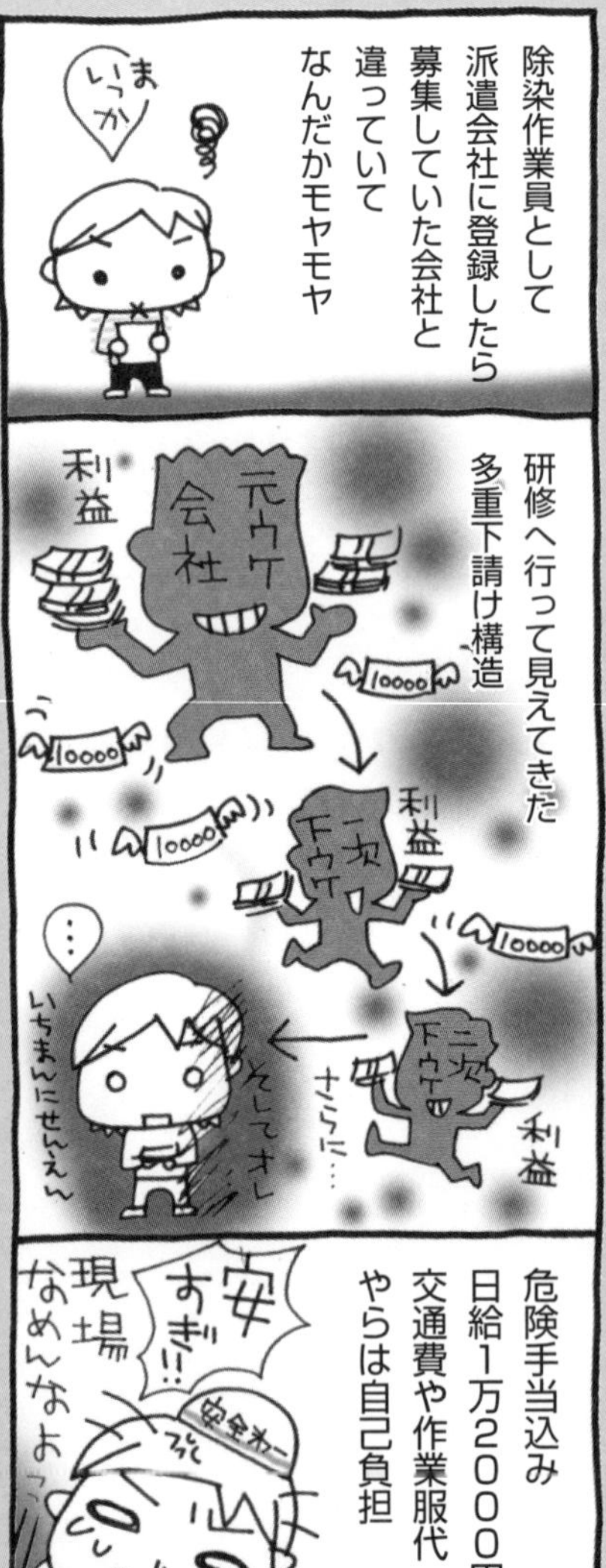
除染作業員として
派遣会社に登録したら
募集していた会社と
違っていて
なんだかモヤモヤ
まいっか
研修へ行って見えてきた
多重下請け構造
元ウケ会社
利益
10000
一次下ウケ
利益
10000
二次下ウケ
利益
さらに…
そしてオレ
いちまんにせんえん
…
危険手当込み
日給1万2000円
交通費や作業服代
やらは自己負担
安すぎ!!
現場なめんなよぉ
安全第一

実際に現場で働く労働者はないがしろ。複数の中間業者が賃金をむしり取っていく。

LEVEL.
5
ワーキングプア度

以前から、とくに建設業界で多く見られた行為が、給料の「ピンハネ」です。

「ピンハネ」とは「中間搾取」と言い換えることもできます。

このピンハネが、２０１１年3月の福島第一原発災害以後、原発の廃炉作業や除染作業の現場で横行しています。

危険手当を労働者に支払わない

大規模建設や除染作業などの公共事業は、大手ゼネコンが落札し、下請け企業に丸投げする方法が常態化しています。その下請け企業も重層的にランクづけられており、一次下請け、二次下請け、三次下請け……と下層になるほど企業の数が増えるというピラミッド型の受注ルートができています。ひとつの現場で10社もの下請け企業の従業員が働いていた、というケースもあります。東日本大震災以降は、原発の廃炉作業や除染作業など、被ばく労働の現場でピンハネの被害が露呈しはじめました。

典型的なのは、危険手当のピンハネです。放射線管理区域で働かざるを得ない労働者には、そのための手当が支給されることになっています。金額はまちまちですが、除染作業の場合、原発からの距離によって３３００円から1万円の「特殊勤務手当」（危険手当）が支払われることになっています。

福島県出身のGさんは、除染特別地域に指定されている福島県田村市での除染作業員として派遣会社に登録しました。作業員を募集したのは東京都台東区の下請け企業でしたが、契約を交わした相手はより元請けに近い電興警備保障でした。作業をはじめるにあたって放射線管理区域での作業についての研修があり、そこには元請けの鹿島建設や一次下請けのかたばみ興業、東京電力の１００％子会社である尾瀬林業の従業員が同席しており、Gさんは、このときはじめてこの仕事が「多重下請け構造」にあることを知ったと言います。

Gさんが応募した企業の募集要項には、日当が1万2000円とあるだけで、危険手当については明記されていませんでした。また、労働契約書の作業内容の欄には、単に「除草・樹木の剪定」とだけ記載され、就業場所も福島県内としか記載されていませんでした。国が相応の危険があるとして1万円程度の手当を支給しているにもかかわらず、現場作業員には手当をつけないばかりか、その危険性さえも伝えていないのです。

　もっとも、企業側がピンハネ行為を公式に認めるわけはありません。実際、賃

原発の廃炉、除染作業での特別手当のピンハネ構造

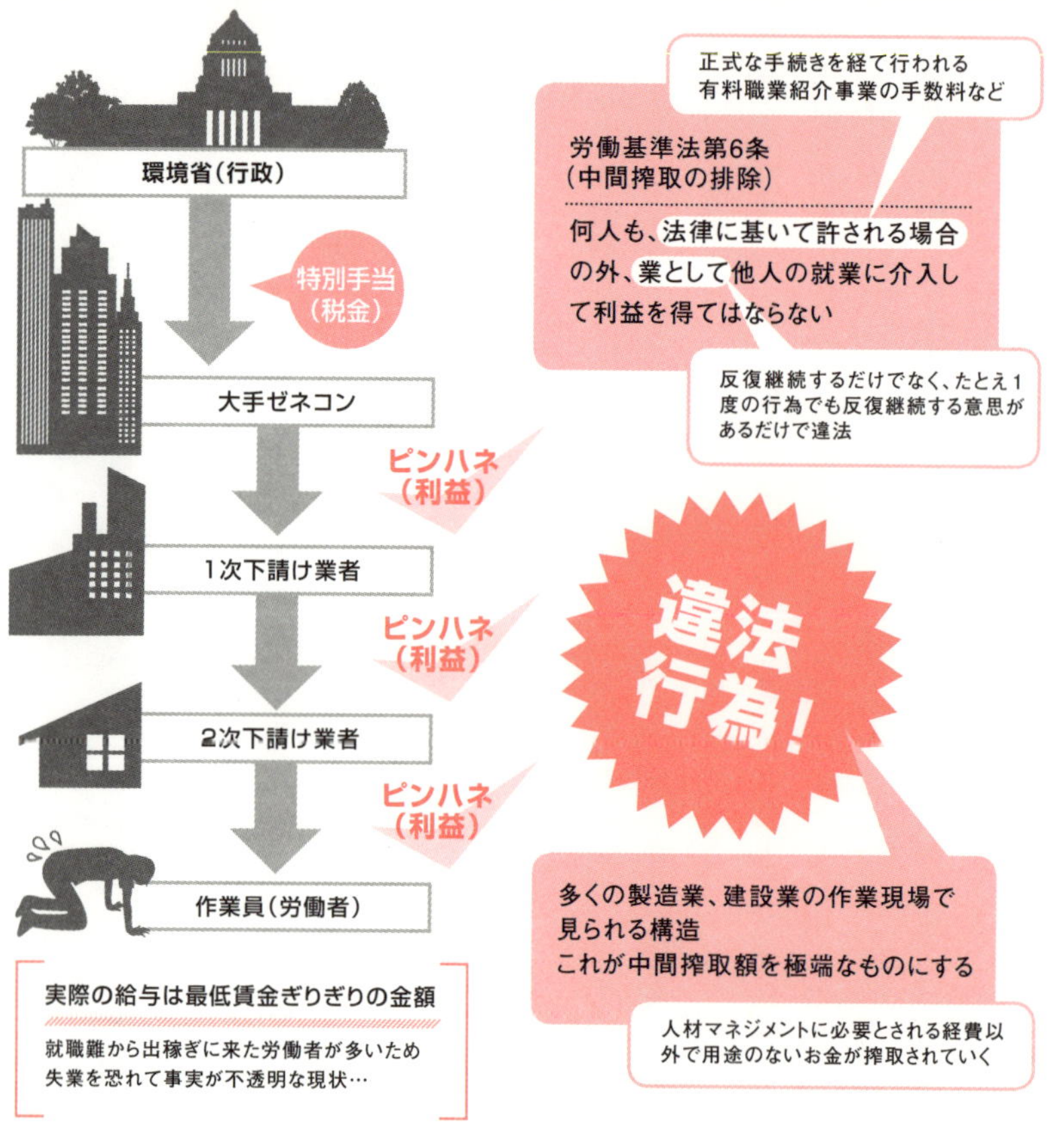
環境省（行政）
特別手当（税金）
大手ゼネコン
ピンハネ（利益）
1次下請け業者
ピンハネ（利益）
2次下請け業者
ピンハネ（利益）
作業員（労働者）
実際の給与は最低賃金ぎりぎりの金額
就職難から出稼ぎに来た労働者が多いため
失業を恐れて事実が不透明な現状…
正式な手続きを経て行われる
有料職業紹介事業の手数料など
労働基準法第6条
（中間搾取の排除）
何人も、法律に基いて許される場合の外、業として他人の就業に介入して利益を得てはならない
反復継続するだけでなく、たとえ1度の行為でも反復継続する意思があるだけで違法
違法行為！
多くの製造業、建設業の作業現場で
見られる構造
これが中間搾取額を極端なものにする
人材マネジメントに必要とされる経費以外で用途のないお金が搾取されていく

金台帳は偽造され、危険手当は支払われていることになっていました。

被ばく労働者の支援活動などを行っている「被ばく労働を考えるネットワーク」や、地元の労働組合に寄せられた相談のうち、１００件以上が危険手当の未払いを訴えるものでした。これまで数千名を超える労働者が除染作業員として福島県入りしていますから、相談に来た作業員はほんの一握りにすぎません。除染作業員のなかには、就職先のない地元を離れて出稼ぎに来た人もいます。労働条件について不満を言えば、仕事をクビになってしまうと心配しているため、相談に結びつかないのでしょう。実際、企業に危険手当の未払いを指摘して契約を打ち切られた労働者もいます。

このピンハネ行為は除染労働だけでなく、原発労働、また製造業や建設業などでも横行しています。原因は、下請け企業や、人材派遣会社が何重にも入り組む多重請負構造にあると言えます。

人材派遣会社は、マージン率の公開が義務づけられている

そもそも、労働基準法第６条には「何人も、法律に基づいて許される場合の外、業として他人の就業に介入して利益を得てはならない」と定められています。この「法律に基づいて許される場合」とは、一般に派遣会社を指していますが、もちろんその派遣会社も就業に介入するにあたって極端な利益を得てよいわけではありません。

法的に何％以内と定められているわけではありませんが、改正労働者派遣法が施行された２０１２年10月から、人材派遣会社のマージン率（派遣先から受け取る派遣料金と派遣労働者に支払う賃金の差額の割合）の公開が義務づけられ、各社のホームページなどで確認することができます。

19

低賃金

最低賃金以下で労働を強いる

え————ッ
これじゃ暮らせないよ
○×洋菓子店
給与明細
9万円
売上が少ないのに給料を払えとは生意気な社員だ
うちは完全歩合制だから売上が少ない月は給与が下がって当然なの
でもっこの給料じゃ最低賃金以下ですよ!!
法律違反じゃないんですか
うちはキミに業務委託しているだけだから最低賃金を保証する必要はない!!
勤務時間も勤務地も指定されているのに……
そ そんな

労働者の立場につけ込んだ嫌がらせ・契約内容などで、極端に安い額で働かせる

LEVEL. 5

ワーキングプア度

「ユニクロ」を展開する株式会社ファーストリテイリングの会長兼社長、柳井正氏が２０１３年４月の新聞紙上で「世界同一賃金」を提唱し、波紋を呼びました。グローバル化が進むなか付加価値をつけられなければ、年収１００万円レベルの低賃金化は「仕方がない」と発言したのです。

日本には最低賃金法という法律があり、経営者が労賃として提供すべき最低額が保障されています。地方によって生活にかかる経費が異なるため、最低賃金も都道府県によって異なり、もっとも高いのが東京で時給８５０円、全国平均は７４９円となっています（２０１３年度）。

嫌がらせで極端に低い時給で業務を押し付ける

ところが、さまざまな形でこの法律に違反している企業があります。

２０１３年に入って告発された足立区図書館の事件では、契約社員だった副館長が、業務上の重い責任を負っていたにもかかわらず月給は16万７０００円しか支払われていなかったので、賃上げを要求したところ、図書館の運営を請け負っている企業から嫌がらせの標的にされました。

副館長は、運営会社から２万冊の本に盗難防止のシールを貼る作業を業務時間外に行うように命じられました。報酬は１枚７円で、チェックリストを作成し、後で照合するなどの作業も組み込まれていたため、２時間で50枚がやっとの状況でした。１枚７円×50枚÷２時間で計算すると時給１７５円にしかならず、これについても副館長は抗議します。すると図書館側は、しぶしぶ作業の一部を勤務時間内に行うことを許可し、業務時間外での負担は減りましたが、それでも時給３００円～５００円止まりだったと言います（「ＡＥＲＡ」２０１３年２月25日号）。

さらに、若者に人気のあるアニメや漫画業界も、過酷な労働環境・条件で知られています。２０１２年５月、海外研修生を経て社員となった３人が、労働条件に耐えられないとアニメ制作会社のスタジオ・イースターを提訴しました。訴訟の内容は、長時間労働、パワハラ、サービス残業など違法行為のオンパレードでした。もちろん低賃金も含まれており、研修期間中は時給2000円、本採用後は基本給月15万円と謳っていても、総労働時間で計算すると最低賃金を下回る額での労働を強いられていました。

歩合制を言い分に最低賃金を下回る額の給料を支給

給料が最低賃金を下回っていたとして、企業を提訴した同様の事件があります。札幌市内のタクシー会社、朝日交通株式会社は、完全歩合制による給料支給でした。基本給は売上の34％、深夜時間手当4％、超勤務時間手当11・8％、臨時労働手当4・2％という配当で企業は給料換算していた、と原告の弁護団は記録しています。これでは、売上が低ければ、給料が低くなり、時給換算では必然的に最低賃金を下回ることになります。

ほかにも、売上の一部を受け取る業務委託契約を名目として、売上が下がれば給料が減り、ときには最低賃金を下回るような販売店で働かせられるケースもあります。

自分の給料が最低賃金以下でないかチェックしておこう

当然のことながら、求人広告に最低賃金を下回る時給を堂々と明記する企業はありません。しかし、サービス残業やみなし労働などを強いられ、結果として契約時の時給よりも低い賃金で働かされることはめずらしくありません（24「求人広告の嘘」参照）。自分の実労働時間を計算し、月給を総実労働時間で割り、実際の時給を計算してみましょう。企業の言い分とは裏腹に、自分の時給が最低賃金を下回っているかも知れません。

アニメ業界の激務薄給の現状

アニメーターのある1日のスケジュール　出所:NHKホームページ「あしたをつかめ　平成若者仕事図鑑」

	6:30	12:30	13:30	18:00	19:00	22:00	0:30
出社	作画作業	休憩 昼食	作画作業	休憩 夕食	作画作業	帰宅 デッサンの勉強、読書など	就寝
	6h	1h	4h30	1h	3h	2h30	

勤務開始から帰宅までの実労働時間は13時間30分

日々の作業効率上昇のためには帰宅後の作画の練習、勉強も必要

これが締切間近になれば労働の長期化、徹夜にもつながる

アニメーターと国民全体の平均給与の差

アニメーター（※1）

（単位：万円）

年代	平均
20代	110.4
30代	213.9
40代	401.2
50代	413.7
60代	491.5

国民全体（※2）

（単位：万円）

年代	平均給与
20〜24歳	251
25〜29歳	343
30〜34歳	404
35〜39歳	465
40〜44歳	499
45〜49歳	505
50〜54歳	503
55〜59歳	490
60歳以上	370

30代で約2倍の開きが、20代では約3倍もの開きがある

年間110万円の収入で生活できるのだろうか？

※1 アニメ以外の収入も含む総収入
※2 国税庁、平成18年分民間給与の実態統計調査、給与階級別分布

世間の平均的な給与と相対していくらであろうと額が低すぎれば 違法

最低賃金法

第３条（最低賃金額）最低賃金額（最低賃金において定める賃金の額をいう）は、時間によって定めるものとする。

第４条（最低賃金の効力）使用者は、最低賃金の適用を受ける労働者に対し、その最低賃金額以上の賃金を支払わなければならない。最低賃金の適用を受ける労働者と使用者との間の労働契約で最低賃金額に達しない賃金を定めるものは、その部分については無効とする。この場合において、無効となった部分は、最低賃金と同様の定をしたものとみなす。

20

自爆営業

達成困難なノルマを課し“自腹”での商品購入を強要する

マーケティングも商品力も無視した無謀な営業ノルマ設定を押しつけ、従業員の犠牲で売上を伸ばす。

LEVEL. 4

ワーキングプア度

販

売すべき商品を売りさばけず、ノルマを達成するために従業員が自らその商品を購入せざるを得なくなることがあります。いわゆる「自爆営業」と呼ばれるものです。自爆営業によってノルマを達成することはできますが、自分のふところは寒くなる一方です。１００円程度の商品を1、２点買うくらいなら打撃は軽くてすみますが、高額商品だったり、点数が増えたり、頻繁に起こったりする場合は、自滅するのは時間の問題です。そもそも達成不可能なノルマを押しつけるのが「自爆営業」の問題で、フランチャイズ式事業に多く見られます。

もはや自爆前提としか考えられない過剰ノルマの郵便営業

自爆営業で悪名高いのは、日本郵便株式会社（郵便局）です。

毎年11月になると、局員は一人あたりに数千枚の年賀はがき販売のノルマが課せられます。日本郵便の労働組合によると、２０１２年11月の段階で、正社員には８５００枚、非正規社員には５５００枚のノルマが課されたと言います。局員は、ノルマを達成するために、通常の方法では売り切れない分を自腹で購入し、すぐ格安金券ショップなどに持ち込んで40～45円ほどで換金します。１枚ならばほんの数円の損失ですが、１万枚ともなればたちまち5万、10万円の自腹を切ることになります。

２０１１年11月、年賀はがきの販売開始から2時間もたたないうちに、近隣の格安金券ショップですでにその年の年賀はがきが3円安で陳列されていることが報道されました。なるべく早く持ち込まないと、買い取り価格が下落してしまい、結果として局員の負担が大きくなってしまうからでしょう。

年賀はがきだけでなく、ゆうパックやかもめ～るの販売についても無理なノルマが設けられ、局員が自腹を切らされているという訴えも労働組合に寄せられると言います。なかには、自爆営業で購入した大量の年賀はがき、ゆうパック、かもめ～るなどが自宅の押し入れに眠っていると話す郵便局員の男性もいます。「同僚や私の心も体もボロボロになりました」と嘆くこの男性は、自分は貯金を取り崩してその金を自社商品の購入に充てたが、同僚のなかには借金をしている人がいてもおかしくないと心配しています。

このように、自腹を切ってまで売上アップに貢献しようと必死の努力をしている局員を尻目に、支店長などは販売数に応じたトロフィーをもらって喜んでいると言います。

さまざまな業種、業界に蔓延する自爆営業

コンビニエンスストアや、その他フランチャイズビジネスでも自爆営業が行われています。フランチャイズの小売店は、飲食業だけでなく、化粧品販売、ＩＴ機器販売など多岐にわたっています。売上目標を達成した店舗には、温泉旅行や海外旅行が本社からプレゼントされたり、豪華なホテルでの食事に招待されたりと、さまざまな褒美が用意されています。各店舗の管理者や責任者は、本社からの評価と褒美のために

自爆営業のしくみ—郵便局の年賀はがきの場合—

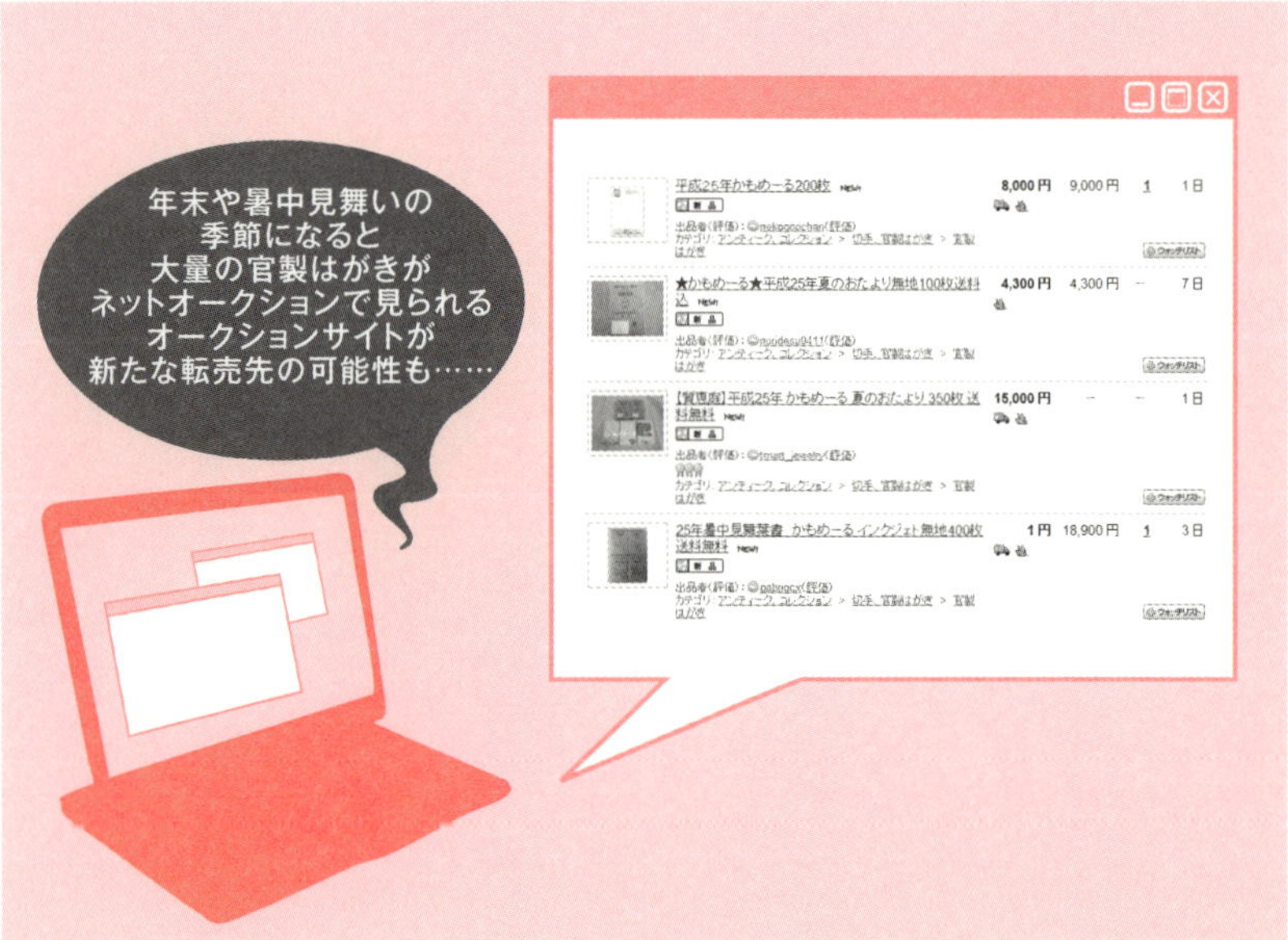
年末や暑中見舞いの
季節になると
大量の官製はがきが
ネットオークションで見られる
オークションサイトが
新たな転売先の可能性も……
平成25年かもめーる200枚
8,000円 9,000円 1 1日
★かもめーる★平成25年夏のおたより無地100枚送料込
4,300円 4,300円 7日
平成25年 かもめーる 夏のおたより 350枚 送料無料
15,000円 1日
25年暑中見舞葉書 かもめーる インクジェット無地400枚 送料無料
1円 18,900円 1 3日

従業員を巻き込み、自爆を強要するのです。

また、店舗ごとの販売実績に関係なく、本部からノルマ通りの商品数を納入されるといったことも日常的に起こります。地域のフランチャイズ小売店にノルマを課し、互いに販売を競わせるためです。売れ残れば損失となるため、店主は少しでも利益を上げようと、アルバイトなどに強制的に残り物を買わせたりするケースも見られます。

ある大学生は、アルバイト先のコンビニ店主から、地域内で販売トップになるにはあと10個おでんを売らなければならないと懇願され、仕方なく自腹でおでんを買ったと証言しています。問題は、この自腹での購入が続くことです。冬は、給料の20％くらいはおでんに変わり、時期によってはクリスマスケーキやお歳暮を買わせられることもあると、この学生は嘆いていました。近年、コンビニ業界では売上高が増加していますが、その背景には、こうした末端で働くアルバイトや小売店の店主の犠牲もあるわけです。

ノルマ全体の見直しと商品の改善が先決

自爆営業が常態化しているからか、失業率が高く、就職先を新たに見つけるのが困難な時代だからか、ネット上には「自己負担した分は『その企業で働く権利』を買っていると思えばいい」とか「クビになりたくなければ、自爆するしかない。自爆したくなければ、辞めるしかないということだ」などといった意見も散見されます。

しかし、自爆営業に至る背景には、問題点が２つあります。まず、ノルマ設定自体に無理があるということ。そして、その商品や企画がノルマに見合うほど売れるレベルにないということです。決して、ノルマを達成できない従業員の責任だけではないのです。

ハンバーガーチェーンのフレッシュネスバーガーを創業した栗原幹雄氏は、ノルマ達成のカギとは「数字に対する仮説をどれだけ真剣に組み立てられるか」だと語っています。吟味を重ねた戦略に基づいた、適切なノルマ設定が重要であるということです。

ノルマを達成できないからといって、コンビニのおでんを買わされたというのは、労働基準法第16条「賠償予定の禁止」の違反とも考えられます。労基法第16条は「使用者は、労働契約の不履行について違約金を定めたり、または損害賠償額を予定する契約をしてはならない」と定めています。つまり、企業は、従業員がノルマを達成できないときに違約金を払わせるような決まりをつくってはならないのです。

しかし、やっかいなことに、ノルマを達成できないと自分の評価が下がってしまうため、企業や上司には内緒で、従業員が自発的に負担している場合も多いのが現状です。その事実を知りつつも黙認している企業の責任は重いと言えますが、まずは自分を犠牲にしないことです。そして、労働組合などを通じて、ノルマの立て方や評価のあり方を見直すべきだと企業に主張していく必要があります。

21
偽装請負

雇われた企業と指示を受ける企業が違う

けっ
けっけっ
ちみちみ
ピンハネ
つもりつもれば
億単位!
100%子会社に
仕事を丸投げ
賃金搾取
A社
B社
C社
けっこーいい時給じゃん
ほぼ半額!?

仕事を請け負いながら、他社に丸投げで利益を上げる。業務の指示系統もぐちゃぐちゃ……。

LEVEL. 4
ワーキングプア度

よくニュースなどで、「偽装請負」という言葉を見聞きすることがあります。企業が「請負」契約を結んでいた人に対し、実際は「派遣」労働者と同じ働き方をさせていたことが問題となる違法行為ですが、そもそも「派遣」と「請負」とでは何が違うのでしょうか。

労働者派遣法第2条第1項では、労働者派遣を「自己の雇用する労働者を、当該雇用関係の下に、かつ、他人の指揮命令を受けて、当該他人の指揮命令下、当該他人のために労働に従事させること（後略）」と定義しています。この場合、働き手は派遣された先の企業から指揮命令を受けることが前提となりますが、労働基準法の定める「労働者」として、労基法や労働安全衛生法、労働組合法など労働法の保護を受けることができます。労働者である以上、雇用している会社側には社会保険や労働保険に加入する義務、職場の安全管理や従業員の健康に配慮する義務が生じます。もちろん、簡単に解雇することもできません。

一方で「請負」という働き方では、働き手は企業と雇用関係を結ぶことなく個別の業務の遂行を約束し、遂行と引き換えに報酬を得ます。この場合、働き手は注文主からの指揮命令は受ける必要がなく（注文主が指揮命令することは禁じられている）、仕事の進め方などは自由に決めることができます。しかし、その一方で法的な意味での「労働者」という立場には置かれません。注文主との関係も「雇用」関係ではないので、社会保険や労働保険には加入してもらえません。

偽装請負とは、働き手を（雇用契約を結んでいる）労働者同然に使役しておきながら、働き手との契約形態を形式上「請負（委託）」とすることで、雇い主として負うべき責任から逃れる行為です。この際、両者の間には派遣会社（請負会社）が介在することが常であり、まずこれらの会社が働き手と雇用契約（もしくは請負契約）を締結。その上で働き手と発注先との間にも請負契約を（形式上）結ばせ、実際には発注先が、派遣労働者同然に使用します。

発注先企業からすれば労働者を雇うことにより伴う責任やコストから解放されると同時に、働き手に対して労働者同然に命令できるわけですから大変に都合のよい働かせ方ではあります。しかし、偽装請負が発覚し、かつ働き手が刑事告発した場合、職業安定法44条、労基法6条の規定により、発注主、請負会社ともに1年以下の懲役、100万円以下の罰金が課されます。

製造業の分野では長らく派遣労働者の受け入れが禁止されていましたが、2004年2月にこれが解禁されました。すると程なくして日本の製造業界には、製造業大手各社と派遣会社・請負会社と共謀する形で偽装請負が蔓延しました。2013年7月現在判明しているだけで、キヤノン、パナソニック、トヨタ、ニコン、TOTO、クボタなど、日本を代表する製造業各社が偽装請負に手を染めていたことがわかっています。

また、建設業、港湾運送業、警備業などの業種に関しては現在も派遣労働者の受け入れが禁じられており、事業者は労働者を直接雇用することが求められますが、こうした業界では直接雇用を避ける手段として、偽装請負が古くから慢性化していると言われています。

偽装請負はピンハネの温床にもなっている

18「ピンハネ」の内容とも大いに関係がありますが、偽装請負はほとんどの場合、働き手と発注先企業との間に派遣会社（請負会社）が介在するため、必然的にピンハネ（中間搾取）も発生します。

2009年には、印刷業界最大手の大日本印刷株式会社（DNP）の100%子会社である株式会社DNPファインケミカル（以下、DNPファイン）の埼玉県久喜工場ででも偽装請負が行われていたことが発覚しましたが、このケースでも被害者のBさんは、2005年2月に日本ユニ・デバイス株式会社という派遣会社と雇用契約を締結。同社から「派遣」される形で、DNPファインで旋盤工として働いていました。

偽装請負（請負偽装派遣）の構造

業務請負の構造（合法）

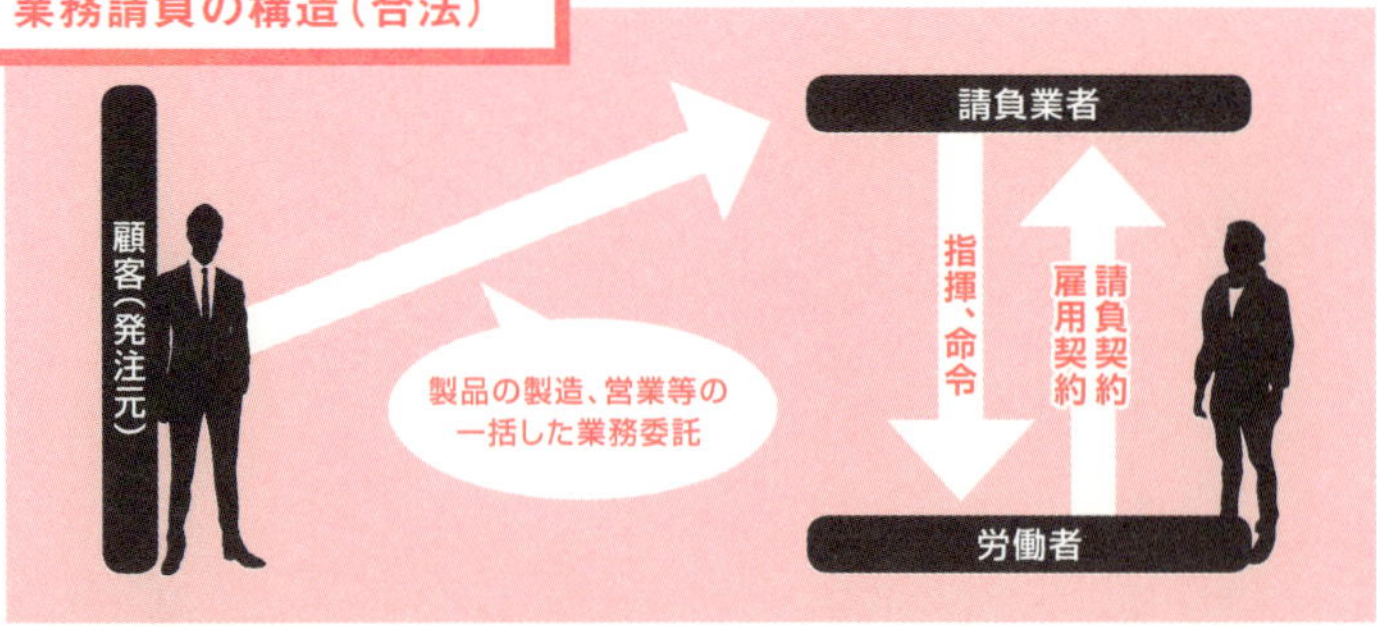
請負業者
顧客（発注元）
指揮、命令
請負契約
雇用契約
製品の製造、営業等の一括した業務委託
労働者

労働者の使用者は請負業者であり、請負の発注元である企業は労働者に対して直接指揮、命令することはできない

偽装請負の構造（違法）

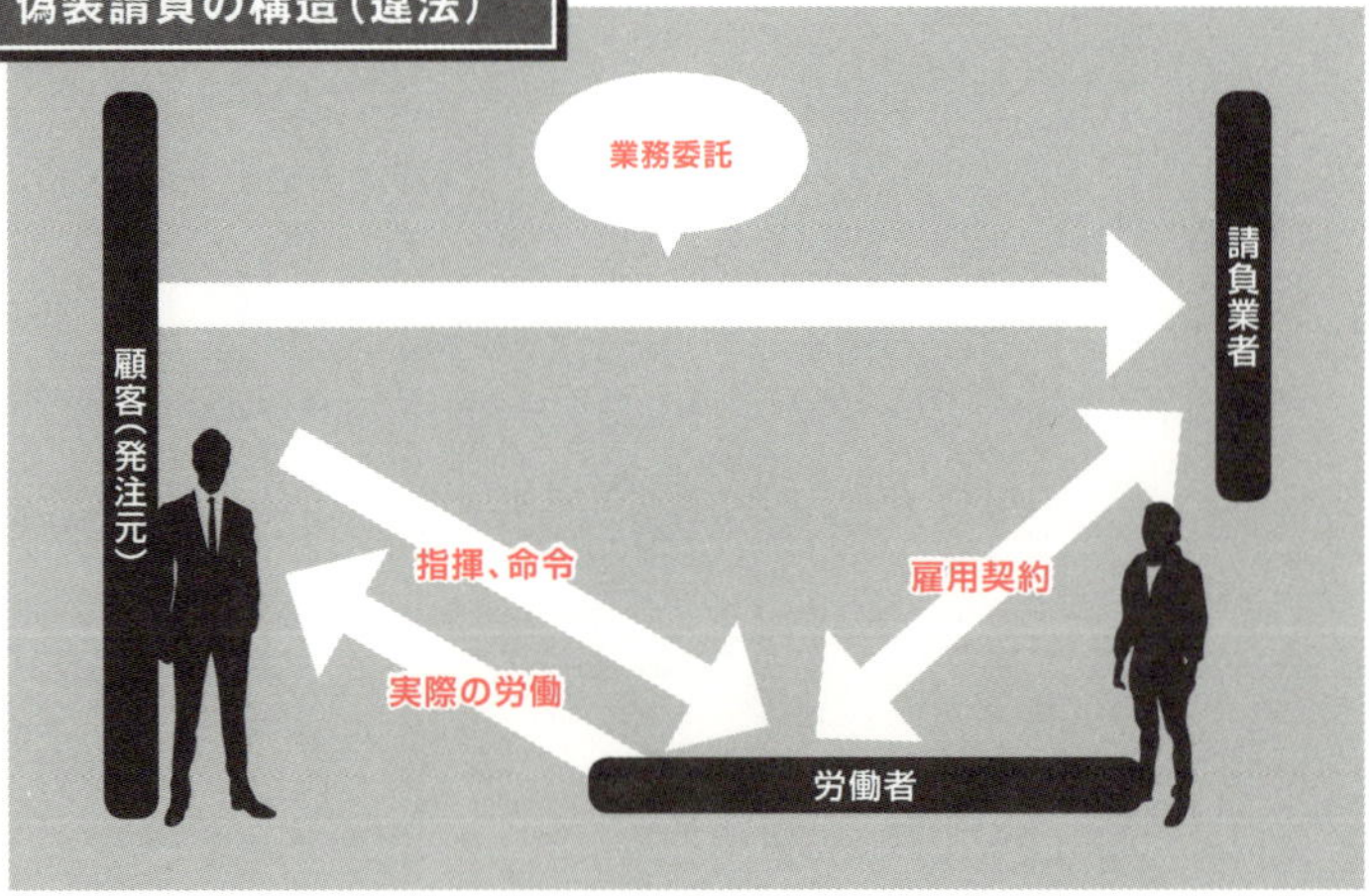
業務委託
請負業者
顧客（発注元）
指揮、命令
雇用契約
実際の労働
労働者

上図の場合、労働者の使用者は請負業者であり、発注元の企業は労働者に対して指揮命令することができないはずである
しかし、多くの大企業でも100%持株の子会社等を利用し、請負と称して労働者を集め自社工場で低賃金で働かせ、指揮、命令を行うなど違法行為が相次いだ
偽装請負は実際には労働者派遣とほとんど変わらず、労働者派遣法の定める派遣先、派遣元のさまざまな責任があいまいになり、労働者の雇用や安全衛生など基本的な労働条件が確保できないことにつながる

自分の働き方が偽装請負であることにBさんが気づいたのは、2009年1月に日本ユニ・デバイスから契約を打ち切られ、その相談のために埼玉県労働局に相談に訪れたのがきっかけでした。BさんはDNPファイで働いていた2年間、同社から日常的に業務上の指揮命令を受けていたほか、有給休暇の取得まで管理されていたため、自分の立場が一般的な「派遣社員」だとずっと思い込んでいたのですが、DNPファインと日本ユニ・デバイスとの間で結ばれていたのは請負（委託）契約であり、これによりDNPファインはBさんを雇用する上で伴う諸々の責任・コストを不当に免れていたわけです。

しかもDNPファインと日本ユニ・デバイスの間には、やはりDNP100％子会社である株式会社DNPミクロテクニカという会社が、なぜか「第3の会社」として介在。本来DNPファインからBさんに支払われるはずの時給2100円のうち600円を同社が中抜きし、さらに日本ユニ・デバイスも440円を抜き取っていたため、最終的にBさんが受け取る時給は、元々の半分しかない1060円まで減らされてしまいました。

同社は資本金こそ4000万円ありますが、DNPファインの工場内に事務所を置いているだけで、請負や派遣事業を行っている実態は何もありませんでした。

「当時親しかったDNPファインの社員に『ファインとミクロテクニカとは何が違うの？』と尋ねたこともあるのですが、その社員も頭を捻っていたくらいです」とBさんは証言しています。

この偽装請負とピンハネは埼玉県労働局が09年6月に違反の事実を認定し、3社に対し是正指導を行いました。これを受けBさんは、地位確認と損害賠償を求め、さいたま地裁に提訴しています。

22 賃金格差

性別や雇用形態で給与の額に差をつける

同学歴
同期入社の夫婦
おれたちで会社をしょってたとーぜ!!
ええ! がんばりましょう
若かりしあの頃…
同じく働き
同じく年を重ねていく二人
20代
30代
40代
それなのにこの給与格差
上司のひと言
まあ君は女性だしね
○×銀行 給与明細 夫 1600万円
○×銀行 給与明細 妻 450万円
プルプル
プッツ
まあまあ
かーさんや
ちっくしょーっっ
文句いってやる!!
ふざけてるわよっ

ただ性別が違うだけで、給与に差が出る

LEVEL. 4

ワーキングプア度

賃金は、労働者が働いたことへの対価です。本来、同じ（価値の）仕事をしていれば同じ額の賃金が支払われるべきです。しかし、実際には、同じ仕事をしているにもかかわらず、性別や労働契約形態の違いによって賃金に格差が生じている例がいくつもあります。

女性は勤務年数が長くても、資格階級が据え置かれたまま

夫とは同期入社で学歴も同じなのに、生涯賃金を比較計算すると1億円の差が生じる――みずほフィナンシャルグループで働く53歳の女性の話です。これは、この女性にかぎったことではありません。

なぜ、このような差が生じるのでしょうか。その理由としてまず挙げられるのが、入社時にすでに、男性は総合職コースに、女性は一般職コースにふり分けられてしまうことです。そのため、女性行員が50歳まで勤続しても、男性行員が25歳で到達する資格階級に据え置かれてしまいます。一般職の女性たちは、同期の男性たちが次々と昇進していくのを見送り、自分たちより若い男性たちに追い越され、その人たちも次々と昇進していくのを横目に見ているわけです。キャリア途中でコースを転換することができますが、さまざまな障壁があり、結局、男性が25歳で到達する資格までしか昇格できないのです。

みずほフィナンシャルグループはその一方で、一般職の女性を上位資格や役職に昇格させており、これが女性活用の推進例として厚生労働大臣賞を受賞しています。ところが実態は、役職や権限が与えられ、男性と同じ仕事をしたとしても、賃金は男性の半分ほどしかもらえないのです。会社にとってはお得なだけで、女性はただ賃金を値切られているだけなのです。

厚生労働省が行っている賃金調査があります。「金融業・保険業」を見ると、45～49歳の男性行員の賃金が平均61万１５００円なのに対して、女性は29万４６００円となっています。国際労働機関（ＩＬＯ）の「ディーセント・ワークの中心にあるジェンダー（男女）平等」調査報告書によると、日本の労働者の

賃金は男性100に対して、女性は66・6％の割合だと記載されています。

左の図は産業別・性別・年齢別に賃金を比較したものです。どの業界でも、女性の賃金はすべての年代を通じて男性より低く、しかも男性の賃金が加齢とともに上昇するのに対し、女性はほぼ横ばいか、むしろ低下傾向にあるため、賃金格差は年齢とともに拡がります。つまり、みずほフィナンシャルグループの例は、金融業界に限った現象ではなく、あらゆる業界で見られる賃金格差なのです。

雇用形態の違いで生涯1億円以上の賃金格差が生じる

今や、3人に1人が派遣や契約社員など非正規労働者です。雇用形態の違う労働者が、同じ職場で、ときには同じような仕事をすることはあたり前になっています。それなのに、賃金や福利厚生だけは従来のままです。正社員、非正規社員の生涯賃金を計算すると、男女の賃金格差同様、1億6000万円ほどになると言われています。

非正規労働者の契約は短期のものが多いので、昇給がないことに不満を抱く人は少ないでしょう。なかには同じ会社に10年や20年勤務する人もいますが、それでも使用者側と交渉を重ね、ようやく年に10円や20円程度時給が昇給するにとどまるケースが多く見られます。一方、正社員は毎年昇給したり、諸手当、ボーナスが支給されたりするため、長く働けば働いた分だけ賃金格差が拡大する構造になっています。

同一価値同一価値労働を確立する

労働基準法では、均等待遇（第3条）と男女同一賃金の原則（第4条）を定めています。つまり、労働者の国籍や信条、社会的身分を理由に、賃金などの労働条件に差をつけてはならず（第3条）、また、女性であるということを理由に賃金に差をつけてはならない（第4条）のです。

産業別、性別、年齢別賃金の比較

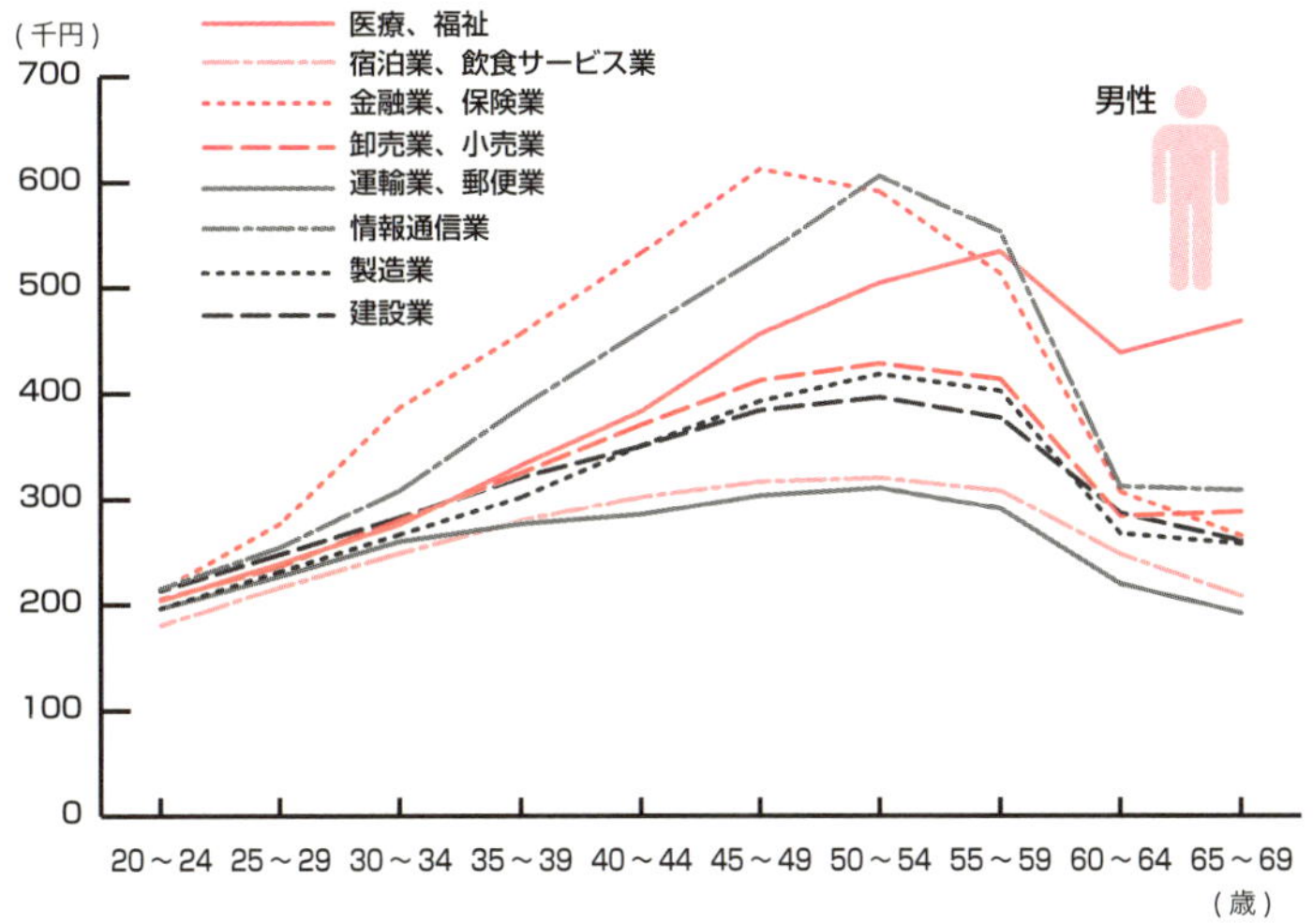
（千円）
700
600
500
400
300
200
100
0
医療、福祉
宿泊業、飲食サービス業
金融業、保険業
卸売業、小売業
運輸業、郵便業
情報通信業
製造業
建設業
男性
20～24
25～29
30～34
35～39
40～44
45～49
50～54
55～59
60～64
65～69
（歳）

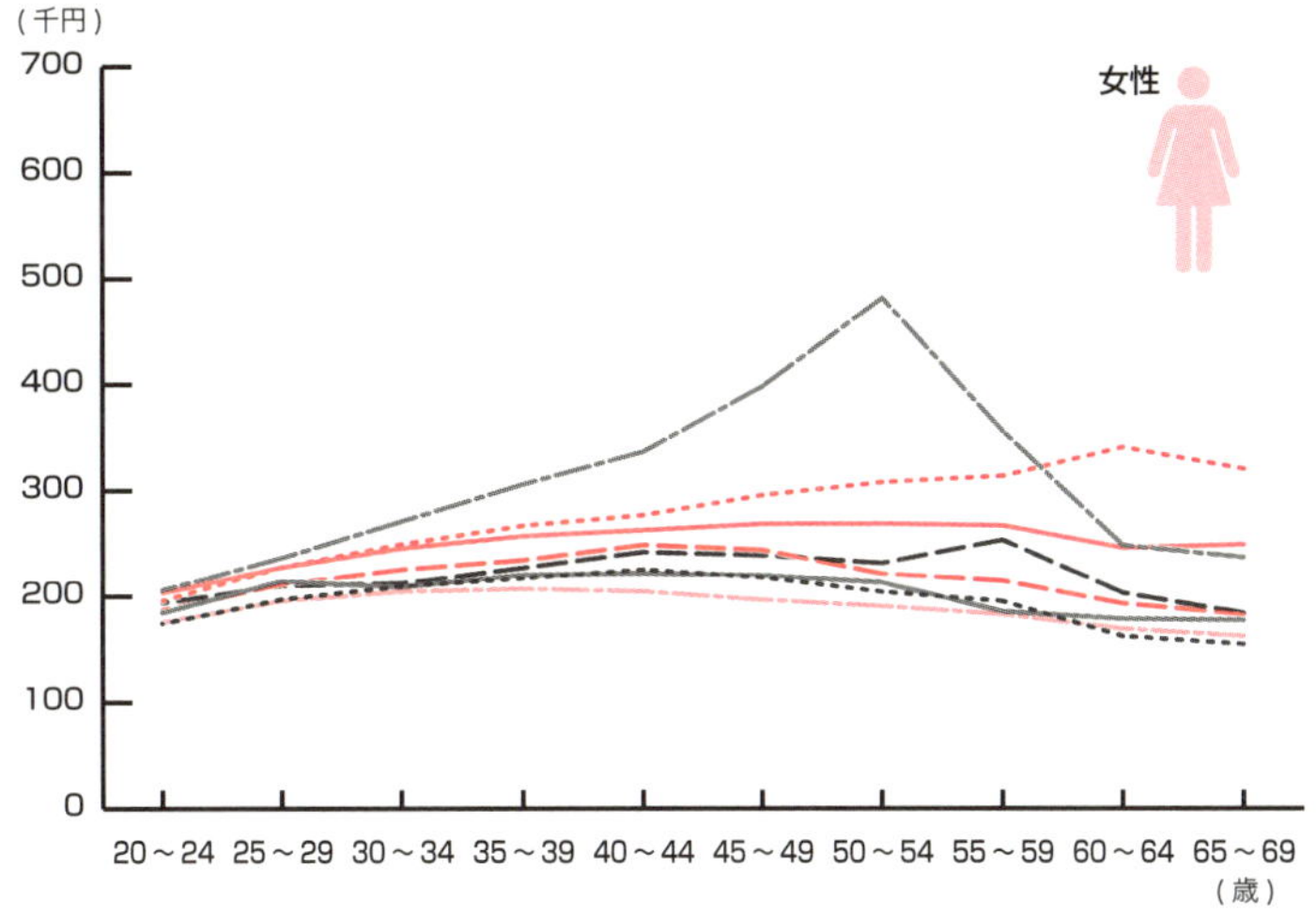
（千円）
700
600
500
400
300
200
100
0
女性
20～24
25～29
30～34
35～39
40～44
45～49
50～54
55～59
60～64
65～69
（歳）

出所：厚生労働省「平成24年賃金構造基本統計調査（全国）結果の概況」より一部抜粋

しかし、労働者の多くが、雇用形態による賃金格差を仕方なく受け入れています。従業員同士の給与額がわからないため比較のしようがなく、格差を正しく認識していないケースも多く見受けられます。

国内では、労働組合や女性労働者が使用者と長い闘いを続けており、裁判も度々行われています。

1993年に、丸子警報器株式会社に勤める女性のパート（有期契約）従業員が、同じ勤続年数の女性正社員と同一の労働をしているにもかかわらず不当に賃金が低いとして、会社を訴える裁判を起こしました。その結果、有期契約労働者の賃金が正規社員の8割以下となるのは公序良俗違反であるとし、同社に1460万円の支払いを命じる判決が出されました。

また1998年には、株式会社京ガスの女性社員が、仕事内容、職種が違う場合でも「仕事の価値」が同じであるなら同一賃金とすべきであり、女性というだけで賃金が低いのは違法であるとして、会社を提訴しました。裁判で女性社員側は、国際的に利用されている「職務評価」に基づき、男性社員の業務と同一価値労働を行っていると主張した結果、それが認められ、女性社員側の実質勝利和解で終結しました。

職務評価とは、仕事の内容に基づいて、その相対的価値を図り、賃金格差を調整する手法です。労働組合などがワークショップを開催し、企業内や業界内での賃金格差を是正するために活用しはじめています。

日本は、同一価値労働同一賃金を定めた国際労働機関（ILO）100号条約を批准しています。それにもかかわらず、日本で職務評価を採用している企業はまだ少なく、依然として職務評価の活用は十分とは言えません。ILOからは、格差是正の勧告を再三受けており、早急な是正が必要です。

国際労働機関（ＩＬＯ）が定める基本的な条約

第29号　強制労働条約（1930年）

あらゆる形態の強制労働の廃止を求めるものだが、兵役、適正な監督のもとにある囚人労働、戦争、火災、地震といった緊急時など、いくつかの適用除外が認められている

第87号 結社の自由及び団結権保護条約（1948年）

すべての労働者及び使用者に対し、事前の許可を受けることなしに、自ら選択する団体を設立し、加入する権利を定めるとともに団体が公の機関の干渉を受けずに自由に機能するための一連の保障を規定する

第98号 団結権及び団体交渉権条約（1949年）

反組合的な差別待遇からの保護、労使団体の相互干渉行為からの保護、団体交渉奨励措置を規定する

第100号 同一報酬条約（1951年）

同一価値の労働についての男女労働者に対する同一の給与及び給付を求めるもの

第105号 強制労働廃止条約（1957年）　（日本は批准していない）

政治的な圧政もしくは教育の手段、政治的もしくは思想的見解の発表に対する制裁、労働力の動員、労働規律、ストライキ参加に対する制裁または差別待遇の手段として何らかの形態の強制労働を用いることを禁止するもの

第111号 差別待遇（雇用及び職業）条約（1958年）　（日本は批准していない）

人種、肌の色、性、宗教、政治的見解、国民的出身または社会的出身に基づく、雇用、訓練、労働条件における差別待遇を除去し、機会及び待遇の均等を促進する国内政策を求めるもの

第138号 最低年齢条約（1973年）

児童労働の廃止をめざし、就業の最低年齢を義務教育終了年齢以上とするよう規定するもの

第182号 最悪の形態の児童労働条約（1999年）

奴隷労働および類似の慣行、武力紛争で使用するための強制的な徴集、並びに売春やポルノ、あらゆる不正な活動、児童の健康・安全・道徳を害するおそれのある労働における使用を含む、最悪の形態の児童労働の禁止と撤廃を確保する即時の効果的な措置を求めるもの

出所：国際労働機関駐日事務所公式ホームページより一部抜粋

いのです。

彼らを送り出す各国における、ブローカーの暗躍も一因です。研修生・技能実習生の大半を占める中国人の場合、出国に際し中国国内のブローカーに1万元程度の手数料に加え、最高で2万3000元程度（平均的な中国人の年収3年分に相当）の「保証金」を払わなくては来日できないとされていますが、多くの人はこのお金を用立てるため、来日前に多額の借金をしています。さらに受け入れ先企業から逃げ出したり、使用者との間にトラブルが起きて働けなくなってしまった場合、保証金を差し押さえられたり、親族がさらに多額の違約金を払うなどの契約を結ばされていることも珍しくありません。

日本政府は2010年7月の法改正で保証金の徴収を違法とし、派遣機関がこれらを徴収したことが判明した場合、受け入れ機関側に受け入れの取りやめを義務づけています。しかし外国人研修生問題に詳しい弁護士の指宿昭一氏らによれば、実際には今もなお、技能実習生制度に参加する中国人の間では広く行われているということです。

19年間で285人もの外国人研修生が死亡している

なお、現在までに外国人研修生・技能実習生の過労死が公的に認定されたのは冒頭に挙げた蒋さんの例が現状唯一のものですが、これは氷山の一角である可能性もあります。

2012年6月20日にJITCOが発表した「2012年度外国人研修生・技能実習生の死亡者数」によると、1992年から2011年までの19年間で、実に285名の研修生・技能実習生が死亡。さらにその死因内訳を見ていくと、『脳・心疾疾患85人（30%）』『自殺25人（9%）』など、研修生のほとんどが30歳代以下と若いことを踏まえれば明らかに不自然な死因が目立つからです。

米国務省「人身売買報告書」はその最新2012年版で、「外国人研修生・技能実習生制度における強制労働の一因となる保証金、罰則の合意、パスポートの取り上げ、その他の行為の禁止の実施を強化」せよと求めています。

No.04

{Column}

現代の奴隷労働——外国人技能実習制度

外国人研修生・技能実習生制度は、途上国からの研修生を受け入れ、日本の優れた技術を習得して母国の発展のために貢献してもらうことを建前に1981年に創設されたものです。公益財団法人「国際研修協力機構」(JITCO)によると、同法人が支援して日本に在留する研修生・技能実習生の数は2012年だけで4万4905人に上ります。

しかしこの制度は、外国人研修生・技能実習生を単に日本人よりも安く使える労働力とみなす企業により強制労働の温床になっているとも言われ、諸外国から日本における人身売買の実例として批判されています。

一例では2008年6月、茨城県行方市の金属加工会社で技能実習生として働いていた中国人の蒋暁東さん(当時31歳)が、配属先の寮で過労により突然死しています。蒋さんの場合、1カ月の残業時間は180時間におよび、休みは月2日程度。それにもかかわらず月20時間を超えた分の残業代は、当時の茨城県の最低時給を大幅に下回る時給400円しか支給されていませんでした。

また、安田浩一氏の『ルポ　差別と貧困の外国人労働者』(光文社新書)は、岐阜県の縫製工場で働く中国人女性たちの例を紹介していますが、彼女たちも朝7時から夜10時まで勤務して休日は毎月1日のみ。基本給は5万円、残業代は時給300円しか払われず、暖房もない1DKの部屋に6人が押し込まれ、外出は禁止だったと言います。

研修生たちを縛り付ける保証金

外国人研修生たちがかくも劣悪な待遇に甘んじなくてはいけない背景には、ひとつには受け入れ先となる日本企業による違法行為があります。逃亡や労基署への告発を防ぐ目的で、パスポートを強制的に取り上げたり、毎月の給料の中から数万円を天引きし、強制的に積立てさせたりする例が、法務省が通達で禁じているにもかかわらず絶えな

ボランティアに強制参加させる

今度の休みに
ボランティアに
行ってきてね
あ
コレは
強制じゃないから
給料はなしね
ハイ
コレ指示書
会社のメンツ
つぶさないように
しっかり頼むよ
ソレって仕事じゃ
ないんですかって
…

“世の中にとって” よいことしよう！
実は“企業にとって” よいことだった。

LEVEL.
5

騙され度

最近、従業員のボランティア活動を必須にしている企業が増えています。まず、腑に落ちないのはボランティア活動が「必須」になっている点です。さらに問題なのは、使用者が職場での業務とボランティア活動の違いを正確に認識していない点です。

そもそも「ボランティア」とは、「自発的に、自分の意思で」という意味です。他人から強制されて行う活動は、ボランティアとは言えません。

職場でのボランティア活動について、担当課から「もしよかったら、こんな団体・行事でボランティア活動に参加しませんか」などと紹介を受けるのであれば何の問題もありません。ボランティア活動に参加するのも、休暇を楽しむことも、当然、労働者の権利です。

ところが、実際にボランティア活動を推進する企業の多くは、〝社会ウケ〟を狙って従業員にボランティアを強制しているのです。なぜ、業務外の活動を従業員に強制できるのでしょうか。その理由は、従業員は内容にかかわらず使用者の命令を断ることができないという労使間の力関係と、ボランティア参加が従業員の個人評価に直接かかわっている点にあります。

休みが休みでなくなる

２００８年に、過労が原因で自殺したワタミフードサービス株式会社の正社員・Ａさんは、休日だったこの日、会社の新人研修に参加していました。Ａさんの遺族によると、研修の内容は、福祉関係の施設で朝８時前後から夕方４時まで１日ボランティア活動するというものでした。「会社の汚点にならないように」と、上司からは事前に、いつ何をするかなど非常に細かく指示があったと言います。「休みが休みでないんだよね……」とつぶやいたことを遺族は今でも憶えていると言います。毎日午後５時から早朝３時まで働いていたＡさんにとって、休日はリラックスできる貴重な休息時間だったはずです。この１日研修については、レポートの提出も義務化されており、「対外的にはボランティア。ところがまったく自主性はない非ボランティアだった」と遺族は語っています。Aさんの日記やメモには、この研修に対して非常に緊張していたことをうかがわせる記述があり、この研修以降、精神的に追いつめられていったようです。Aさんが勤務していた居酒屋「和民」がある神奈川県横須賀市の労働基準監督署は、このボランティア活動を勤務時間と認めています。Aさんは、人の手助けをすることで、自分の心身をより疲弊させることになってしまったのです。

ワタミグループは、「全社員がボランティア活動参加」を目指すとしており、「社員が自主的に参加しやすいようにグループ各社にボランティア担当を設けている」と公表しています。

その一例として、1994年以降、新入社員の入社時研修として、毎年4月にボランティア体験を実施し、新入社員は、障害者福祉施設や児童福祉施設を訪問します。その目的について、ホームページ上で「相手の立場に立ち、相手がしてほしいことをするとは、どう

ボランティアの強制は労働とみなされ賃金が発生する

例　企業がボランティアと称して昼休みに構外清掃を強制する

- ☑ 労働基準法に「労働」の定義付けはされていないが、判例、行政解釈では「使用者の指揮命令下に置かれた状態」としているため、上例の場合、ボランティアは労働とみなされ賃金が発生する（労働基準法第 24 条）
- ☑ ボランティア行為（上例の場合は労働にあたるため）によって休憩時間がなくなる、あるいは休憩時間が所定のものよりも短くなる（労働基準法第 34 条）
- ☑ ボランティア行為によって労働時間が 1 日 8 時間、週 40 時間を超える場合、割増賃金支払義務が発生する（労働基準法第 37 条）

これらの法律に違反する可能性

いうことなのか」ということを学ぶためと謳っています。

研修の目的自体はとてもよいことですし、業務を遂行する上でもその経験は役立つでしょう。であれば、なおさら、その研修はボランティアではなく業務として行うべきです。

また2006年度からは、外食事業の従業員を対象に介護ボランティアへの参加を強制しはじめます。従業員に対しては、グループ内の介護施設などで行われるイベントや活動に参加する研修であると説明しています。Aさんが参加を余儀なくされたボランティア活動がこれです。

強制なのに給料が支払われない

困っている人を助けたい、地域に協力したいと思う人はたくさんいます。仕事がない休日や祝日に、自主的に海岸のごみ拾いをする人もいるでしょう。しかし、職場でのボランティア活動が問題なのは、これらの活動がまったく「自発的」でなく強制になっている点で、それにもかかわらず、活動の時間の賃金が支払われて

企業がボランティアを強制する意図とは？

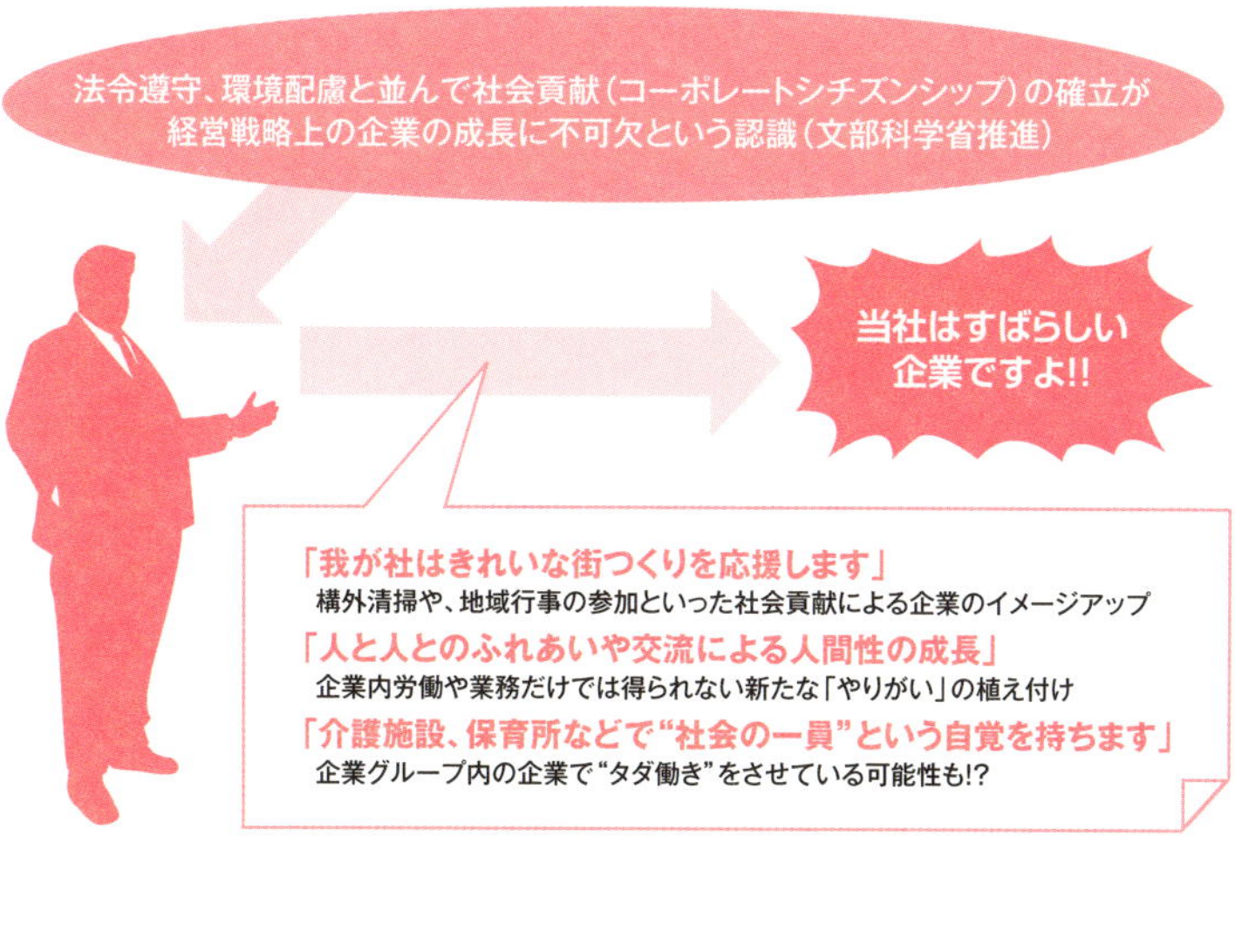
法令遵守、環境配慮と並んで社会貢献（コーポレートシチズンシップ）の確立が
経営戦略上の企業の成長に不可欠という認識（文部科学省推進）
当社はすばらしい
企業ですよ!!
「我が社はきれいな街つくりを応援します」
構外清掃や、地域行事の参加といった社会貢献による企業のイメージアップ
「人と人とのふれあいや交流による人間性の成長」
企業内労働や業務だけでは得られない新たな「やりがい」の植え付け
「介護施設、保育所などで"社会の一員"という自覚を持ちます」
企業グループ内の企業で"タダ働き"をさせている可能性も!?

いないということです。なかには課長や部長など管理職の命令通知書なども添付されて指示が出ていたり、「強制ではない」としながらも班をつくって順番に担当が決められていることもあります。活動の時間は、出勤前の早朝から昼休みや休日など、いろいろな時間帯に分かれています。勤務時間外であっても、上司や企業からの指示を受けているのであれば、「使用者から義務付けられ、又はこれを余儀なくされた」と考えられるので、企業は賃金を支払わなければなりません（労基法第24条）。もしボランティア活動が上司や企業からの指揮命令下で行われたものであり、この時間内にケガなどをしたら労働災害として申告できます。

ボランティア活動をしたために、実際の労働時間が8時間を超過したら、企業は割増賃金を支払う義務が発生します。

また、ボランティア活動の時間が6時間を超えたら少なくとも45分間、8時間を超えたら1時間の休憩時間を労働者に与えなければなりません（労基法第34条）。

24

求人広告の嘘

給与を多く見せかけて人材を集める

ネット求人広告
へー
初任給
19万7000円か
悪くないな
応募しよう
会社説明会
求人広告は
基本給
12万7000円で
80時間残業した
場合の例です
えーっ
だまされた

「この額ならいいか」と思って入社したら、残業するのが前提だった……。

LEVEL.
MAX

騙され度

就職活動を行うときにかならず目にするのが求人広告です。そのなかで「固定残業代」というしくみが問題になっています。株式会社大庄が経営する居酒屋「日本海庄や」はこの固定残業代のしくみをとっており、それが背景となって一人の男性が命を落としました。

残業代が含まれた給与であることを会社説明会ではじめて知らされる

日本海庄やでは、2007年、入社して4カ月の24歳男性が急性左心機能不全で突然死する事件が起こりました。過労が原因と認められるだけの長時間労働の背景には、月に80時間以上の残業をしなければ賃金が減っていくという制度の存在がありました。まったく残業をしなかった場合の賃金は、12万3200円になります。つまり、男性は、過労死するくらい働かなければ生計を維持できるような水準の収入を超えられなかったのです。

月給を正直に12万3000円と公表したのではなかなか人が集まらないでしょう。ここで、「求人広告の嘘」が効果を発揮するのです。実は当時の求人広告には、新入社員の月額は19万4500円と書かれていました。このなかに80時間分の残業代が含まれていることを、入社希望者は会社説明会ではじめて知らされるのです。

大庄は、朝日新聞の取材に対して、「月額19万4500円は80時間残業した場合の給与をひとつのモデルとしているに過ぎず、長時間の時間外労働を強いているわけではない」と弁明しています。しかし、20万円近い月収を掲示して従業員を募集しておきながら、そこに80時間分の残業代が含まれているというのは、明らかに過労死ラインを超える働き方を前提にしているものです。

近年、この大庄のような手法が、「固定（定額）残業代」として一部の社会保険労務士などによって宣伝され、それを採用する企業も増えています。たしかに、実際に残業した分の残業代をきちんと払うことにさえしていればこの賃金体系自体は直ちに違法とは言えませんし、募集の段階で実際の契約と違う条件を掲げることも違法とはされていません。

民間就職情報サイトの「リクナビ」の大庄のページを見ると、相変わらず「OJT手当」という名目で「固定残業代」の広告を掲げています。一見すると「大卒・大学院卒月給20万5000円」「専短卒月給 19万7000円」が受け取れるようですが、きちんと計算すると、東京都の最低賃金ぎりぎりの金額になります（下図参照）。

固定残業代のカラクリ

固定残業代が注目されるようになったのは、近年になってからのことです。社会保険労務士の宣伝文句を見ると、未払い残業代の請求が増えたり、「名ばかり管理職」が社会問題となったりするなど、残業代を払わないことが企業にとってのリスクとして意識されるようになったことが背景にあるようです。

新たな脱法手法として登場した「固定残業代」は、基本給部分を最低賃金の水準まで安く抑え、残業代も支払ってしまうというものです。たとえば、時給850円にしてし

大庄の初任給は最低賃金ぎりぎり

大庄の営業職は変形労働時間制で177時間（31日／月）と、リクナビのページから明らかになっているので、残業代の割増分も入れて計算することができる。

19万7000円÷（177時間+45時間×1.25）= 844.587… 円

これでは、東京都の最低賃金850円に満たない。しかし、実はこれでも違法にはならない。

1カ月31日の月だけでみれば違法だが、法律に違反していると言うためには、年単位で平均する必要があるからだ。つまり、1カ月31日の月の労働時間だけで計算してはダメだということだ。28日の月については記載がないが、推察をすることはできる。31日の月に最長で認められる労働時間がちょうど177時間だからだ。28日の月の場合には160時間、30日の月の場合には171時間が最長なので、これで計算し直してみる。

31日の月	19万7000円÷（177時間+45時間×1.25）=844.587…円=①
30日の月	19万7000円÷（171時間+45時間×1.25）=866.886…円=②
28日の月	19万7000円÷（160時間+45時間×1.25）=910.982…円=③

1カ月の平均賃金を計算すると

（①×7カ月+②×4カ月+③×1カ月）÷12カ月= 857.553… 円

ぎりぎり最低賃金をクリア

ちなみに、1カ月19万5000円だと最低賃金を下回り、違法となる。

まえば、残業代を払っても安くすみます。しかし、その金額では学生は集まりません。そこであらかじめ一定時間分の残業代を含ませて給与を高く見せかけるのです。こうして従業員を募集するしくみは、企業側の新たなコスト負担を避けつつ、未払い残業代や名ばかり管理職の問題を解決するのにうってつけなのです。

固定残業代を採用している企業はブラック企業

固定残業代は、過労死事件を起こした際の大庄のように、残業しなかった分を支給しないというようなしくみをとっていれば別ですが、基本的には違法とは言いがたいしくみです。

しかし、就職先を選ぶ際の視点として、この固定残業代を採用し

違法な求人広告とは

☑「30歳以下募集」「40歳以下歓迎」といった年齢制限を設ける ➡ 雇用対策法第10条

例外事由
・深夜営業や警備業務などの下限年齢の設定「18歳以上の方を募集」
・長期勤続によりキャリア形成を図る観点から若年者等を期間の定めない労働契約の対象とする場合
条件1、対象者の職業経験を不問とすること
条件2、新規学卒者以外の者にあっては、新規学卒者と同等の処遇であること
「35歳未満の方を募集(職務経験不問)」

☑「男性5名女性2名の募集」「女性歓迎」など男女で採用人数を分けたり、一方の性のみの表現 ➡ 男女雇用機会均等法第5条

☑「固定給+歩合で40万円の給与(実際にはほとんどいない)」「親会社の名前を使った求人」といった誤解を与える表現 ➡ 職業安定法第42条

違法

☑「月額30万円～35万円、年齢、技能により応相談」
➡ 実際には25万円の給与になると面接で言われた

広告掲載の条件はあくまで見込みであり、企業はかならずしも広告通りの額面で雇わなければならない**法的義務はない**

2「サービス残業で」説明されている**「固定残業代」を含めた求人もそれ自体は違法ではない**

ただちに違法ではない

こうした募集にかかる行為は法的には「労働契約申込みの誘引」であり、これらの広告を見て求職者が応募する行為は「労働契約の申込み」となるため、**応募した段階では契約は成立しておらず、確定した労働条件ではない**

直ちに違法であるとは言い難い固定残業代を含めた額面での求人等はある意味では
よりブラック企業らしい手段とも考えられる

(職業紹介事業者、労働者の募集を行う者、募集受託者、労働者供給事業者等が均等待遇、労働条件等の明示、求職者等の個人情報の取扱い、職業紹介事業者の責務、募集内容の的確な表示等に関して適切に対処するための指針　厚生労働省2012年)

ている企業は避けたほうがよいとはっきり言えます。なぜなら、固定残業代は、給料を実際よりも高く見せかけるための手段でしかないからです。しかも、毎年変わる最低賃金にぴったりと合わせていくためには、かなりややこしい計算をする必要があり、企業はそのための専門家を雇うほどです。そんなところにコストをかけるような企業が、従業員を大切にするとは到底考えられません。

また、固定残業代を採用するような企業では、その程度の残業は常にあることが予想されます。残業がまったくない会社で、事前に何十時間もの残業代を支払うことを前提とするはずがありません。

以上の理由から、固定残業代そのものは違法な制度ではありませんが、固定残業代を採用するような企業はブラック企業と呼ぶに値すると言ってよいでしょう。

最低賃金が、正社員の給与の基準にまで広がっている

実は、大庄事件では、裁判史上の画期的な判決を遺族が勝ち取っています。それは、従業員を長時間労働に駆り立てるしくみをつくった取締役個人の賠償責任を認めるものでした。企業に対してだけではなく、経営責任を負う個人の責任をも問うていくことで、違法な労務管理に対してプレッシャーをかける道を開いた判決だと言えます。

また、この事件は、最低賃金が安いということが、固定残業代という新たな脱法手段を生み出し、長時間労働の実態を変えることなくサービス残業を解消させることを明らかにしました。これまで、最低賃金は学生のアルバイトや主婦パートを念頭に議論され、その金額で一家の家計をまかなえるのかどうかは主題となってきませんでした。しかし、実際にはシングルマザーなど最低賃金で働かざるを得ないワーキングプア層がいました。そして、その層が現在、新卒正社員の領域にまで広がっているのです。そのことを念頭に、最低賃金を上げていくことが求められています。

でも言いたげに聞こえます。「覚悟の上で入社した人たちの集団であることが、強さの原動力になっていました」と言ってしまえる日経ビジネス編集長は、１８８６年にアメリカ・シカゴのヘイマーケットで８時間労働と８時間の休息を求めて闘った労働者たちを知っているのでしょうか。仕事以外の生活をも大切にするという概念は、今でも守られているはずです。

８時間と決められた労働時間内に遂げられるノルマや仕事は、５年と勤め続けられないほど辛い仕事量にはなり得ないでしょう。人はみな、遊びに行くつもりで就職するのではなく、「一生懸命」働くことを目的に就職します。であるならば、あえて社風を厳しくする必要はないのです。

監視役として機能をしない報道機関

日経ビジネスは、ファーストリテイリングの柳井正会長のインタビューを「甘やかして、世界で勝てるのか」との見出しで紹介。今どきの若手社員との接し方や育成方法を伝授する記事のようですが、「若手に媚びれば……過度に緩んだ組織になってしまい、業績がブラックからレッドになれば、元も子もありません」。こんな一言を残しています。そのほかにも、「非正規社員のモチベーションや組織への帰属意識を高める方法は一筋縄ではいかず、頭を悩ますマネジメント層も多いことでしょう」などと言っています。そもそも雇用が不安定で収入格差もあるなかで、非正規社員が正社員を研修するなどという歪んだ労働環境では、モチベーションが上がらないのは当然のことです。もっとも簡単なモチベーションアップの方法は、収入格差をなくし雇用を安定化させることです。

確かに、購読者、広告主が喜ぶ記事にしておけば、一企業としては安泰です。しかし、報道機関としての社会的責任は、権力・権威に対して監視役になることです。企業の違法行為を野放しにしたままで、それを助長するような報道は、ブラック企業の応援団としか言いようがありません。

No.05

{Column}

企業の違法行為を助長する「ブラック企業応援団」

ブラック企業の姿勢を正すべく、日経ビジネスが対策に乗り出したのかと思わせる連載をインターネット上（日経ビジネスオンライン）で行いました。その名も「それをやったらブラック企業」。「ブラック企業」とのレッテルを貼られた企業の考え方を紹介するものだと聞いたので、これで幾分でも企業の労務管理が改まるだろうと一安心しました。しかし、事実は大きく異なっていました。

ブラック企業に対する認識が足りない

日経ビジネスオンライン2013年4月15日付の「読みどころ」というコーナーは、日経ビジネス編集長によるものでした。「『ブラック企業』と呼ばれるほうが、やる気満々でタフな人を採用できるのではないか」とはじまって、「企業が違法行為をするのはご法度ですが」と断っているものの「目標達成のノルマが厳しいとか、軍隊的な社風といったことは、本来、企業の方針に委ねられるものです」と説かれています。この文からわかるのは、就職活動をする多くの若者たちがブラック企業をどう回避するか必死に情報を集めるほどに、世の中には深刻な労働問題が蔓延している、という認識がこの編集長にはないということです。

私たちは、日経ビジネス編集長のような主張の背景や意図を読み解く力を養い、企業マインドの呪縛から自身を解放しなければなりません。まず、「ノルマが厳しい」というのは、そもそも達成不可能なノルマを設定して過酷な労働を強いているからではないかと疑い、「軍隊的な社風＝あってはならないもの」と見極めなければなりません。さらに、なぜ「厳しい社風」にしなければ人間は働かないと思い込んでいるのか、と問うべきです。「離職率が高いと宣言すれば覚悟の上で応募する人を集められる」と言いますが、仕事とは「覚悟」を決めなければいけないものなのか？　まるで一生（命）を賭けるべき、と

ブラック企業の謎を解く

竹信三恵子

ブラック企業について知れば知るほど、そんなひどい会社なのになぜ辞めなかったのか、という疑問がわいてくるかもしれません。その答は、ブラック企業とは何なのかを考えていくと見えてきます。ここでは、ブラック企業をめぐる謎を解くことを通じて、その構造について説明していきましょう。

ブラック企業とは何か

「ブラック企業とは何か、定義があいまいなのに、なんでもブラック呼ばわりされては迷惑」。企業からはよく、そんな不満が聞こえてきます。ブラック企業をめぐる集会で、社会保険労務士だという聴衆から、「非正規労働者を雇っていたり、残業が多かったりするだけでブラックと呼ばれてしまうようだが、今の情勢では非正規や残業なしでは経営は難しいのでは」という質問が寄せられたこともあります。

でも、この本で取り上げた事例からもおわかりのように、ブラック企業とは、単に非正規雇用の従業員が多かったり、残業が多かったりするだけの企業のことではありません。

ブラック企業という言葉は2000年以降、違法状態で働かせる過酷な労務管理の職場について、若者たちがインターネット上で情報交換をはじめたところから広がり、2009年、IT企業で働く若者を主人公にした「ブラック会社に勤めてるんだが、もう俺は限界かもしれない」という映画が公開されて、一気に知られるようになりました。

この言葉によって、**自分がダメだったから厳しい職場に耐えられなかったのだという自己責任論から、会社がブラック企業であることに問題があるのではないか、という企業の労務管理のあり方へと視点が転換**されました。それにつれ、ブラック企業をめぐる若い層からの相談が、若者でつくる労働相談団体のPOSSEなど、各種労働団体に多数寄せられるようになり、これらの労働団体の活動によって、ブラック企業の問題が、大手マスコミで「労働問題」として取り上げられるようになりました。

若い世代からの自然発生的な言葉であり、新しい言葉でもあるため、定義はまだ確立されていませんが、「あいまいな概念でなんでもかんでもブラック呼ばわり」しているわけではありません。「ブラック企業」として問題にされている事例には、はっきりした共通の特徴があるからです。

ひとつは、違法、または法の趣旨に反した違法すれすれの労務管理があること。次に、その労務管理によって働き手の健康を害したり、過労死・過労自殺に追い込んだりする人権侵害があること。そして、そのような行為によって収益を上げる、または上げようとしていることです。

これらを定義としてまとめ直すと、ブラック企業とは、「**法律に反した、または、法の趣旨に反した労務管理によって労働者の生存権を脅かす人権侵害を行い、こうした労働者の使い捨てによって利益を上げることがビジネスモデルの柱となっている企業**」と言うことができるでしょう。

大手・有名企業なら大丈夫なのか

「ブラック企業」と言うと、中小・零細であるため労働法の知識がなく、暴力団絡みの過酷な働かせ方をする特殊な企業と思われることが多いようです。そのため、ブラック企業に入社してしまわないように、就職活動では名前を知られていない中小企業を避け、大手・有名企業に集中する傾向も見られます。でも、大手で有名なら安心とは言えません。

たとえば、今回「ブラック企業大賞」にノミネートされたワタミフードサービス株式会社では、従業員の過労自殺をめぐり、原因究明を求める両親との面会を、グループ企業トップである渡邉美樹氏が拒否しました。たまたま極端な長時間労働によって従業員が亡くなったのなら、企業は再発防止のために両親の訴えにも真摯に向き合ったはずです。それを避けているということは、従業員の過酷な労働がその企業の収益の源泉であるため、変えられない、変える気がない、と考えていることを疑わせます。

そのほかの大手のメーカーでも、プロジェクトのメンバーが人員増を求めたのに、企業がそれを無視してプロジェクトを強行したため、メンバーは極端な長時間労働とストレス下に置かれ、過労死や過労うつが相次ぎ、訴訟に発展した例があります。

こちらは戦前から続くグローバル企業ですが、そのような企業でもブラックすれすれの労務管理が行なわれているのです。このことは、**ブラック企業的労務管理が、一部の零細企業の無知や体力不足から来る例外的なものではない**ことを示しています。

ワタミフードサービスの場合も、大手メーカーの場合も、会社への滅私奉公は当たり前という「日本的経営」の特徴をフルに利用する一方、従業員の健康を無視し、人件費を抑え込むことによって収益を増やそうとしているのです。

一見、コストとは関係なさそうなセクシャルハラスメントも、従業員の過酷労働を収益アップの手段と見るビジネスモデルのなかで、女性従業員を対価のいらない性的道具として扱うことが当然視され、その頻発の原因となります。

根底に日本的経営の高拘束

こうしたブラック企業の根には、**「日本的経営」の特徴である、会社への滅私奉公、従業員に対する高**

い拘束性、会社の裁量権の極端な強さがあります。これは「日本的経営」がもてはやされていた1970年代から80年代にかけても問題になっていました。

1970年代、会社が推す与党の候補者に投票するよう従業員に指令する「企業ぐるみ選挙」が問題化し、汚職事件では、会社をかばって自殺する従業員も出る「会社人間」ぶりが話題になりました。80年代に入ると、長時間労働の末に死亡する「過労死」が続発し、「Karoshi」は国際語になりました。会社に飼われて言いなりになる従業員のあり方が、「社畜（会社の家畜）」と呼ばれ、からかいのタネになったのもこのころです。

ただ、当時の日本企業は、「社畜」となることと引き換えに、終身雇用や企業内福祉などの高い雇用保障を約束していました。おとなしく会社の命令に従っていれば生活の保障はしてくれる（エサはくれる）という一種の取引条件の下に、労働者側も高い拘束を受け入れていたと言えます。

経済成長の下でパイが大きくなっていたことも労働者の雇用保障を下支えしていましたが、労働組合（労組）の組織率も30％台を保ち、労働者の声をまとめ上げて政治や経営に反映させる装置が、それなりに残っていたからでもありました。

労組はその後、1980年代の中曽根政権が行った公務員労組つぶしで力を削がれます。さらに、1990年代には、非正規労働者の増加政策が推進され、正社員中心の組織の弱みをつかれる形で、さらに力を失っていきます。労働者の声を反映する装置が失われ、その土壌の上で世界的に新自由主義的な経営モデルが広がり、企業は、株主への高い配当、内部留保、役員の高報酬を速やかに実現させていきました。その一方で、高拘束の見返りだったはずの高雇用保障は急速に失われていきます。

このように、**高保障が失われる一方で、極端な高拘束だけが維持された「新・日本的経営」が、ブラック企業の温床**となったと言えるのです。

ブラック企業を支える４つの柱

見返りもないのに高拘束が維持されたのは、次の四つの柱があったからです。

まず、企業の外の安全ネットの不備です。日本では、企業による高保障の約束を前提に、職業訓練も福祉も企業が提供するしくみが続きました。このため公的職業訓練は極めて手薄で、失業手当は最長でも一年足らずしか支給されません。最後の安全ネットのはずの生活保護は、うっかり利用すると手ひどいバッシングに遭いかねません。そんなしくみのなかで、**会社に逆らって外に飛び出すことへの恐怖**が、日本の人々にはしみついてしまっているのです。

２つ目は、産業構造の転換による仕事の不足です。製造業などの従来型の雇用の柱が、グローバル化で低賃金の国に出て行ってしまったため、労働者は、**今ある仕事にしがみつこうという不安心理**を強めています。これには付加価値の高い、新しい産業の創出で対応すべきことで、本来は政府の産業政策の責任なのですが、これを問う声はあまり強まりません。

その背景にあるのが、３つ目の柱である新自由主義的人間観です。

この人間観は、**社会のしくみに問題があることまで自助努力で解決することが立派な人間だと思い込ませる「自助努力の過剰」**に支えられています。多くの若者が、仕事がないのは政策のせいではなく天災だと受け止め、会社のノルマに耐えられなかった自分が悪い、耐えることが立派な社員だとする新自由主義的プライドにからめとられています。そのため、会社の野放図な要求に疑問を抱くことができなくなってしまっているのです。学校で行われているキャリア支援教育や、就職活動の仕組みによって、採用されなかったほうに落ち度があったとする考え方を刷り込まれ、求職者の自尊心がつぶされる例が多いことも、「自助努力の過剰」に拍車をかけています。

そして4つ目が、日本的経営の特徴だった長時間労働の野放しを土台にした洗脳です。長時間、従業員を会社に拘束して社会と切り離し、社長の書いた本や訓示などを丸暗記させることで、**会社に尽くすことが自分の夢の実現だと刷り込む手法**は、カルト宗教の手法と酷似しています。こうした教育は、「日本型経営」にも見られました。

ブラック企業については、「日本的経営を破壊して導入された米国由来の非人間的な経営」などとする見方もあります。しかし、ブラック企業とは、むしろ**会社が従業員を全人的に支配してきた「日本型経営」が、数字第一の新自由主義的経営をより効率的に実行するための装置として再生したもの**と考えたほうが妥当と言えるかもしれません。

ブラック企業からの脱出法

こうした見方に立つと、ブラック企業から抜け出すためには、「日本型経営」に戻るのではなく、**新自由主義的な数字第一主義への歯止めと同時に、日本型経営の極端な高拘束にも歯止めをかける措置が必要**だとわかってきます。

日本では、会社の命令ひとつで、転勤も残業も受け入れて当たり前という慣行を裁判所までもが認めており、会社の従業員に対する裁量権は野放図と言っていいほどに広がっています。労働基準法で1日8時間労働などが決められてはいますが、同じ労基法第36条によって労使が協定を結べば、事実上、青天井の残業ができる社会でもあります。

また、1日8時間労働制を規定した基本的な国際条約であるＩＬＯ1号条約をはじめ、人間らしく働くための国際条約のほとんどを、日本は批准していません。

欧州では、1日のうち連続11時間の「休息時間」が設けられ、その間は労働者を働かせてはいけないことになっています。米国も日本と同様に労働に関する法的規制は緩いとはいえ、国民の間に契約意識が発達していて、仕事が終わるとさっさと帰宅してしまう労働者も少なくありません。**企業への同調圧力が強い日本でこそ、しっかりした労働時間規制**が必要なのです。人間らしく生きられる労働時間の理念をうたった「過労死防止基本法」の制定が急がれます。

また、安全ネットを失う恐れから企業と対等な労働契約を結べない現状を改善するために、**職業訓練や、失業手当、生活保護などの企業外の安全ネットを立て直す**ことも必要です。

子どものころから、働くうえで自分の身を守る方法を教える労働教育も必須です。企業に採用してもらえる労働者になることを目指す「キャリア教育」だけでは、せっかく就職しても、企業に酷使され、使い捨てられるだけの若者を量産することになりかねません。

「なにか変だ」と思ったとき、その声を吸い上げていく組織の強化も大切です。米国では各地に「ワーカーセンター」と呼ばれる労働相談NPOがありますが、このような労働相談組織を育成し、運営するための財源づくりも大切です。

そのうえで、ブラック企業の罠に陥らないために、当面の対処術を一人ひとりが身に着けることが必要です。ブラック企業の見分け方を知ることはもちろんですが、経営者の交代で入社時とは異なるブラック状況になってしまうこともあります。そんなときのために、**ある程度は労働法を知っておく**ことが必要です。また、何か変だなと思ったときに駆け込める「法律的顧問」として、ユニオンや労働専門の弁護士事務所などの連絡先をまとめた**労働相談リストを用意しておく**のもよいでしょう（136ページ参照）。

「ブラック企業大賞」は、特定の企業をやり玉にあげて溜飲を下げることが目的ではありません。問題企業のノミネートによってブラック企業の実態をつかみ、その問題点を広く世に問うことで、ブラック企業が横行する日本社会の改革を目指すものなのです。

付録 知っておきたい労働に関するキーワード

労働基準法

憲法第27条の第2項には「賃金、就業時間、休息その他の勤労条件に関する基準は、法律でこれを定める。」とある。労働基準法は、この規定を受けて制定されたものであり、労働者が人として価値のある生活を営むために、最低の労働条件を保障することを明らかにしたもの。もちろん、やる、やらないと選択できるものではなく、すべての使用者（雇用主）はこれに従わなければならない。

有給休暇

有給休暇制度とは、労働者が休暇を取得して仕事を休んでも、使用者（雇用主）が労働者に対し賃金を支払う義務は残るという有給の休暇日のことで、年ごとに付与される。年次有給休暇制度ともいう。労働基準法第39条によって定められており、正社員、アルバイト、パート、有期雇用、派遣など雇用形態にかかわらず使うことできる。フルタイ

年次有給休暇の付与日数

1 週所定労働時間が30時間以上の労働者

継続勤務年数	0.5	1.5	2.5	3.5	4.5	5.5	6.5以上
付与日数	10	11	12	14	16	18	20

2 週所定労働時間が30時間未満の労働者

①週所定労働日数が4日または1年間の所定日数が169日から216日

継続勤務年数	0.5	1.5	2.5	3.5	4.5	5.5	6.5以上
付与日数	7	8	9	10	12	13	15

②週所定労働日数が3日または1年間の所定日数が121日から168日

継続勤務年数	0.5	1.5	2.5	3.5	4.5	5.5	6.5以上
付与日数	5	6	6	8	9	10	11

③週所定労働日数が2日または1年間の所定日数が73日から120日

継続勤務年数	0.5	1.5	2.5	3.5	4.5	5.5	6.5以上
付与日数	3	4	4	5	6	6	7

④週所定労働日数が1日または1年間の所定日数が48日から72日

継続勤務年数	0.5	1.5	2.5	3.5	4.5
付与日数	1	2	2	2	3

出所：厚生労働省
有給休暇ハンドブック

ムで働く労働者の場合、入社後6カ月間継続勤務し、全労働日の8割以上出勤した場合、10日の年次有給休暇が与えられる。

残業

参照 2 サービス残業

労働契約で決めた労働時間を超えて働くことを残業という。ただし、労働基準法により法定労働時間として1週40時間、1日8時間の制限があるので、これを超えた労働時間を労働契約で決めても効力はなく、この場合は法定労働時間を超えて働くことも残業と言う。法定労働時間を超えて働かせた場合、使用者(雇用主)は割増賃金を支払う義務がある。

労働組合

参照 13 労組敵視

労働者が主体となって自主的に労働条件の維持改善その他の経済的地位の向上を図ることを目的として組織する団体またはその連合団体を言う。憲法第28条は「勤労者の団結する権利および団体交渉その他の団体行動をする権利は、これを保障する」として、労働者が団結する権利は憲法によって保障されている。これを受けて労働組合法が制定さ

法律の定める割増賃金制度

時間外労働	1日8時間、週40時間を超える労働	超えた時間は通常賃金の最低 25%増
深夜割増	22時～翌5時の間の労働	通常賃金の最低 25%増
休日労働	法定休日の労働	通常賃金の最低 35%増

- ☑ 時間外労働で、かつ深夜割増に該当する時間に勤務する場合、50%以上の賃金の割増が必要である
- ☑ 休日労働で、かつ深夜割増に該当する時間に勤務する場合、60%以上の賃金の割増が必要である
- ☑ 休日労働で8時間を超えても時間外労働の賃金の割増は必要ない

れている。

ユニオン

参照 13 労組敵視

従業員が所属している企業を問わず、個人単位で加盟できる労働組合のことをユニオンまたは合同労組という。ユニオン・合同労組は、一般的な企業別の労働組合とはちがい、複数の企業や異業種の企業の労働者が、その構成メンバーとなっている。ユニオン・合同労組の特徴には次のものがある。・一人でも加入できる・正社員だけでなく、契約社員・パートタイマー・派遣労働者、さらには管理職にいたるまで加入対象としている対象が幅広い場合が多い。

36協定

参照 1 長時間労働

使用者（雇用主）は労働基準法36条による労使協定（36協定）を締結し、労働基準監督署長に届け出てはじめて、労働者に時間外・休日労働をさせることができる。36協定が締結されると、そこに定められた限度時間が労働時間の新たな上限となる（使用者に割増賃金支払義務はある）。この上限は、一定の目安はあるものの例外である「適用除外」を利用すれば青天井となる。日本の職場では、本来は例外であるはずの適用除外がむしろ原則化されており実質的に労働時間の上限規制は存在しない。

過労死基準

参照 1 長時間労働

過労死基準（過労死ライン）は健康被害リスクが高まるとする時間外労働を指す。月80時間1カ月の労働日を20日とすると、1日4時間の時間外労働が続く状態をいう。

見習い期間

労働者の従業員としての適正判断のための見習い期間として、一定期間を定めて試しで雇ってみる試用期間が設けられることが多い。試用期間の長さについては特に労働基準法等で決まりはないが、一般的には3カ月や6カ月で、最長でも1年が限度だと考えられている。

最低賃金

参照 19 低賃金

最低賃金は、国籍や雇用形態を問わず、すべての労働者に適用される。事業、業種もしくは地域に応じて、労働者の最低賃金を保障することが最低賃金法によって定められている。

NPO団体等	POSSE（ポッセ）	若者の労働相談を中心に「働くこと」に関するさまざまな問題に取り組むNPO法人です。 TEL:03-6699-9359　Mail:soudan@npoposse.jp HP:http://www.npoposse.jp/
NPO団体等	NPO法人 労働相談センター	賃金未払い、解雇、倒産、労災、労働組合づくりなど労働に関する相談なら何でも無料で受け付けているNPO法人です。 TEL:03-3604-1294 （月曜〜金曜9:00〜17:00 日曜12:00〜17:00）
NPO団体等	派遣労働 ネットワーク	派遣労働や派遣にまつわる雇用に関する問題に取り組むNPO法人です。 TEL:03-5354-6250　HP:http://haken-net.or.jp/
NPO団体等	働く女性の 全国センター	女性が元気に働ける活動をしています。5と0のつく日は無料相談のホットラインを開設しています。 TEL:0120-787-956 HP:http://wwt.acw2.org/
弁護士団体	日本労働弁護団	労働問題を専門的に扱う弁護士の団体。所属弁護士は1400人以上。各種労働相談、訴訟活動に対する支援を行っています。月、火、木曜日の15〜18時に無料電話相談を行っています。 〒101-0062　東京都千代田区神田駿河台3-2-11 連合会館4階 TEL:03-3251-5363　03-3251-5364 HP:http://roudou-bengodan.org/ 地域ごとの電話相談先リスト: http://roudou-bengodan.org/hotline/hotline.php
弁護士団体	過労死110番	過労や仕事上のストレスが原因で発病、死亡したり、重度の障害を負ったりした場合に、労災補償の相談を行っています。 全国事務局連絡先 〒113-0033　東京都文京区本郷2−27−17 ICNビル2階 川人法律事務所気付 TEL:03-3813-6999　HP:http://karoshi.jp/

労働組合

全国労働組合総連合	全国の労働相談を地域別に無料で行っています。 〒113-8462 東京都文京区湯島2−4−4全労連会館4F TEL:0120-378-060 HP:http://www.zenroren.gr.jp/jp/
首都圏青年ユニオン	パート・アルバイト・フリーター・派遣・正社員、どんな職業、働き方でも一人でも入れる若者のための労働組合です。 〒170-0005 東京都豊島区南大塚2-33-10東京労働会館5F 公共一般労組内 TEL:03-5395-5359 HP:http://www.seinen-u.org/
日本労働組合総連合会	連合は、日本最大の労働組合です。下記の番号にかければ、かけた地域の連動につながります。メールでの相談も可能です。 TEL:0120-154-052 HP:http://www.jtuc-rengo.or.jp
全国コミュニティ・ユニオン連合会	パート、派遣、有期、請負など雇用形態を問わず、誰でも、一人でも入れるコミュニティ・ユニオンの連合体です。 TEL:03-5371-5202
全労協東京東部労働組合	東京東部地域を中心に首都圏全域で活動しています。労働者なら誰でも一人でも入れます。 TEL:03-3604-5983
フリーター全般労働組合	誰でも、一人でも、どんな働き方でも入れる労働組合です。 TEL:03-3373-0180

行政機関

労働基準監督署	厚生労働省のホームページで全国の労働基準監督署の連絡先などが閲覧できます。 HP:http://www.mhlw.go.jp/bunya/roudoukijun/location.html
労政事務所（労働問題全般の相談先となる機関）	東京都の場合、東京都労働相談情報センター TEL:0570-00-6110（東京都ろうどう110番） HP:http://www.hataraku.metro.tokyo.jp/sodan/rodosodan/index.html
総合労働相談コーナー	厚生労働省の地方機関である各都道府県の労働局が、総合労働相談コーナーを設けています。労働条件、募集、採用、男女均等取り扱い、いじめなど労働に関するあらゆる分野についての相談を、面談または電話で行なっています。 http://www.mhlw.go.jp/general/seido/chihou/kaiketu/soudan.html

■ 著者

松元千枝（まつもと・ちえ）／ジャーナリスト。
英字新聞記者、海外通信社東京特派員を経て2009年夏に独立。合同会社Chie Matsumoto Media Link設立。インターネットテレビ放送の「レイバーネットＴＶ」「テントひろばから～」「仕事のあとの女子会ＴＶ」などで司会を務める。著書に『活動家一丁あがり！社会にモノ言うはじめの一歩』（ＮＨＫ出版新書、2011年、共著）がある。

古川琢也（ふるかわ・たくや）／ルポライター。
東京商工リサーチの調査員、ミニコミ紙記者などを経て、2007年からフリーランス。『週刊金曜日』『My News Japan』などで、企業・労働問題を中心に取材・執筆する。「回答する記者団」では佐藤裕一記者と「過労死記者団」を組む。著書に『ブラック企業完全対策マニュアル』（晋遊舎新書、2013年）、『セブンーイレブンの正体』（金曜日、2008年、共著）など。

川村遼平（かわむら・りょうへい）／NPO法人POSSE事務局長。
東京大学卒。東京大学大学院総合文化研究科博士課程に在学。労働問題総合誌『POSSE』では編集に参加。著書に『ブラック企業に負けない』（旬報社、2011年、共著）がある。

■ 解説

竹信三恵子（たけのぶ・みえこ）／ジャーナリスト・和光大学現代人間学部教授。
元朝日新聞労働担当編集委員兼論説委員。長年、非正規雇用問題、貧困問題、女性問題を手がける。著書に『ルポ雇用劣化不況』（岩波新書、2009年）、『女性を活用する国、しない国』（岩波ブックレット、2010年）、『わたしたちに必要な33のセーフティーネットのつくりかた』（合同出版、2011年、共著）がある。

◆はじめに

内田聖子（うちだ・しょうこ）／アジア太平洋資料センター＜ＰＡＲＣ＞事務局長。
出版社勤務を経て現職。ＰＡＲＣでは、多国籍企業批判や自由貿易批判のための政策提言、キャンペーンなどを手がける。著書に『活動家一丁あがり！社会にモノいうはじめの一歩』（ＮＨＫ出版新書、2011年、共著）がある。

著者紹介

■ 編者

ブラック企業大賞実行委員会
『ブラック企業大賞』の運営主体。労働組合やジャーナリスト、弁護士、ＮＰＯ、研究者などで構成されている。現状では、際立ったブラック企業がマスメディアに取り上げられることはあっても、企業全体・働く場全体の質の向上にはなかなか結びついていないことから、ブラック企業が生み出される「背景や社会構造の問題を広く伝え、誰もが安心して働ける環境をつくること」を目指して結成された。

［ブラック企業大賞実行委員］（50音順）
内田聖子（アジア太平洋資料センター〈PARC〉事務局長）
河添 誠（首都圏青年ユニオン青年非正規労働センター事務局長）
川村遼平（NPO法人POSSE事務局長）
佐々木亮（弁護士）
白石 草（OurPlanet-TV代表）
須田光照（全国一般東京東部労組書記長）
竹信三恵子（ジャーナリスト・和光大学教授）
土屋トカチ（映画監督）
古川琢也（ルポライター）
松元千枝（レイバーネット日本）
水島宏明（ジャーナリスト・法政大学教授）

●ブラック企業大賞とは
長時間労働やサービス残業など法令に抵触する労働条件、また、ハラスメントやいじめなど暴力的強制を企業の利益追求のために意図的・恣意的に取り入れている日本の企業（ブラック企業）を独自基準でノミネートし、表彰する企画。毎年８月に授賞式が行なわれる。
URL：http://blackcorpaward.blogspot.jp/

■ 法律監修者

佐々木亮（ささき・りょう）
弁護士（東京弁護士会、旬報法律事務所）。
東京都立大学法学部卒。日本労働弁護団事務局長。首都圏青年ユニオン顧問弁護団事務局次長。労働事件を中心に、民事事件および刑事事件を扱う。労働事件では、太陽自動車事件、日本システム開発研究所事件、ゼンショー事件、富士ゼロックス事件、日本精工事件など。労働事件以外では、国家公務員法違反堀越事件などを担当。
［おもな著書］
『問題解決労働法10　紛争解決システム』（旬報社、2008年）、『新労働事件実務マニュアル〔第２版〕』（ぎょうせい、2010年、共著）、『労働法の知識と実務』（ぎょうせい、2010年、共著）、『震災の法律相談』（学陽書房、2011年、共編・共著）ほか多数。

■マンガ　たかおかかおり
■カバーデザイン　岩瀬 聡
■本文デザイン・DTP　西山陽子（ループスプロダクション）
■編集協力　金丸信丈・渡邉哲平（ループスプロダクション）

マンガでわかるブラック企業
人を使い捨てる会社に壊されないために

2013年8月15日　第1刷発行

編　者　ブラック企業大賞実行委員会
発行者　上野良治
発行所　合同出版株式会社
東京都千代田区神田神保町1-28
郵便番号　101-0051
電話　03（3294）3506
FAX　03（3294）3509
URL　http://www.godo-shuppan.co.jp/
振替　00180-9-65422
印刷・製本　新灯印刷株式会社

■刊行図書リストを無料進呈いたします。
■落丁乱丁の際はお取り換えいたします。

ISBN987-4-7726-1126-8　NDC366　210×148